나, 블루칼라 여자

—— 일러두기

1. 이 책은 2023년 프레시안에서 연재된 〈나, 블루칼라 여자〉를
   바탕으로 만들어졌음을 밝힌다.

2. 본문 인터뷰이 가운데 김혜숙, 권원영, 황점순의 사진은 저자가 직접
   촬영한 것이며 사진 하단에 저작권자를 표기해두었다.

3. 맞춤법, 띄어쓰기 등은 국립국어원 어문 규범에 따라 표기했으나
   필요한 경우 입말을 살렸다.

나, 블루칼라 여자

힘 좀 쓰는
언니들의
남초 직군
생존기

차례

프롤로그

―

블루칼라 여성
노동자들이 건네는
삶의 용기

≪나, 블루칼라 여자≫는 '남성이 대다수인 이른바 남초 직군에서
일하는 여성은 어떤 환경에서 일하고 있을까?'라는 질문에서
출발했다. 다양한 팀들이 동시다발적으로 일하는 블루칼라 현장은
전쟁터를 방불케 한다. 모두가 바쁘게 고함치는 현장에서 노하우는
'거칠게' 전수됐고, 남성 노동자들 특유의 마초적인 문화도 함께
도습됐다. '백래시'가 심화되는 한국 사회에서 그 최전선에 있는
여성들은 안녕한지 궁금했다.

　　답을 얻기 위해 지난 봄부터 겨울까지 '남성의 일터'로
여겨졌던 곳을 찾았다. 부산 신항에서 화물차 운전을 하는
김지나 씨, 아파트 건설현장에서 거푸집을 만드는 형틀 목수

신연옥 씨, 철도차량정비원으로 철도를 수리하는 하현아 씨, '철물점 아저씨'처럼 주택 전반을 수선하는 주택 수리 기사 안형선 씨, 목조 주택을 짓는 빌더 목수 이아진 씨 등 남초 현장에서 일하는 10명의 여성 노동자를 만났다.

그들은 정말 '거친' 현장에서 일하고 있었다. 그들의 일터를 찾아 인터뷰를 진행하며 간접적으로 그 현장을 경험할 수 있었다. 최고 온도 35도를 육박하는 폭염이 있던 날 빈 아파트 세대 현장에 포대를 깔고 앉아 이야기를 들으며 온몸이 땀으로 쫄딱 젖기도 했고, 분진이 휘날리고 중장비 소음이 울려 퍼지는 시끄러운 현장에서 서로에게 고함치듯 질문과 답변이 오가기도 했다. 담배 냄새가 가득한 현장 사무실에서 기침을 하며 인터뷰를 하기도 했고, 좁은 골목과 비포장 도로를 달리며 레미콘 운반 '두 탕'을 함께한 적도 있었다.

블루칼라 여성 노동자들은 고강도의 육체적 노동뿐 아니라 편견과 차별에도 맞서야 했다. 여성 노동자의 존재가 신기하다며 대뜸 사진을 찍는 이도 있었다. 어떤 이는 여성 노동자를 일하러 온 게 아니라 놀러온 것처럼 여기기도 했다. 남자는 집안의 가장이라고 치켜세워주고 여성은 먹고살기 어려워서 나온 것처럼 가엽게 생각하는 시선도 따라왔다. '남자가 하는 일을 여자가 하면 남자들은 어디 가서 먹고사느냐'며 따지는 이도 있었다. 대부분 여성을 '동료'로 마주한 적이 없었던 남성 동료들의 반응이었다.

눈물겹도록 힘들어도 힘든 내색을 하지 않고 삼킨 이들이었다. 그들은 어떻게 하면 '기분 나쁘지 않게' 성희롱을 지적할 수 있을지, 차별적인 상황 이후에도 어떻게 '아무렇지 않은 척' 일할 수 있을지 고민했다. 어떤 날에는 양 어깨에 피멍이 들도록 50킬로그램이 넘는 용접기를 들기도 했고, 어떤 날에는 노동에 필요한 '알짜 근력'을

키우기 위해 퇴근 후 케틀벨을 들었다. '여자'라는 정체성이 편견이
되지 않기 위해 인내하고 또 인내했다.

그들이 자신의 일터에서 고군분투했던 이유는 일터에서
살아남기 위해, 계속 일하기 위해서였다. 생존이 곧 투쟁이었던 셈이다.
자신의 노동에 관해 이야기하던 그들의 눈빛은 살아 있었다. 햇볕에
얼굴이 다 타고 땀에 절었어도, 주름이 깊게 패이고 먼지로 뒤덮여도
자신의 노동에 관심을 갖고 그 이야기를 들으러 온 여자 기자에게
그들은 너무도 자신의 이야기를 하고 싶어 했다. 돈이 필요해서 일을
시작했지만 지금은 누구보다 자부심을 갖고 일한다고, 항상 주눅
들어 살다가 일하면서 새로 태어난 것 같다고 말하는 그들의 눈에서
빛이 났다.

블루칼라 여성 노동자들은 자신의 일터를 사랑했고, 자신의
기술을 사랑했고, 함께 일하는 동료들을 사랑했다. 여성 화장실도
없던 일터, 표준 남성에 맞춰진 도구들, 마초적인 동료 문화…. 무엇
하나 그들에게 친절하지 않았지만, 그들은 자신이 일할 수 있다는 사실
그 자체를 소중히 여겼다. 마초적인 남성 동료들도 일에 '진심'인
여성 노동자들을 여자가 아닌 '동료'로 받아들이기 시작했다.

그래서였을까. 그야말로 진이 빠지는 인터뷰 현장이었지만,
이상하게도 힘이 들지 않았다. 오히려 마음 깊은 곳에서 어떤 기운이
솟아오르는 것을 느꼈다. 차별과 배제 속에서 노력과 기술로
자신을 증명한 이들은 자신의 인생을 통해 다른 여성이 용기를 갖길
바란다고 했다. 남자가 하는 일을 여자가 하면 어떠냐고, 여자라는 걸
자랑스럽게 생각하고 당당하게 살자는 그들의 격려를 독자 여러분에게
건네고 싶다. 그들이 일하는 현장과 삶의 궤적을 천천히 따라가면서
그들의 인생에 충분히 머물러보시기를 권한다.

끝으로 자신의 일터로 초대해 고군분투했던 삶의 굴곡을 보여주신 열 분의 블루칼라 여성 노동자들께 감사드린다. 이 기획의 의미를 찾아준 한겨레출판의 김진주 편집자님이 없었다면 이 책은 세상에 존재하지 못했을 것이다. 포기하고 싶은 순간마다 나의 이야기에 믿음을 갖게 해주셨던 김진주 편집자님과 예상치 못한 현장에서도 최고의 순간을 포착해주셨던 황지현 사진작가님에게 깊은 감사와 존경을 보낸다. 어릴 적부터 일하는 여성의 '멋짐'을 알게 해준 어머니 그리고 언제나 나의 첫 독자가 되어주는 김광연 씨에게도 고마운 마음을 전한다.

《나, 블루칼라 여자》는 기꺼이 블루칼라 여성 노동자들의 레퍼런스가 되고 싶다. 블루칼라 현장이 아닌, 삶에서 분투하는 모든 이들에게도 기운을 북돋아줄 이야기라고 생각한다. 이 책을 펼쳐준 모든 독자에게 거친 현장에서 살아남은 블루칼라 여성 노동자들의 용기가 전해지길 바란다.

2024년 봄
박정연

"여자라는 걸
자랑스럽게 생각했으면
좋겠어요. 당당하게,
여자답게 살자고요"

화물 노동자 김지나

'추레라'. 트레일러라고도 불리는 25톤짜리 화물차다. 실제로 보면 높고 큰 트럭의 중압감에 압도된다. 몇 개의 발판과 손잡이를 밟아야만 올라갈 수 있는 높은 운전석. 그 자리에 여성 화물 노동자가 있다. 부산에서 수출입 컨테이너 운반을 하고 있는 김지나 씨다.

부산 신항 근처 화물차들이 늘어선 주차장에서 지나 씨를 만났다. 화물차에 탄 그는 누구보다 크고 강인해 보였다.

©황지현

화물연대 부산서부지부의 지부장이기도 한 그는 마초적인 화물차 특유의 남성중심문화를 "'내가 낸데' 하는 마인드로 돌파했다"고 말하며 웃어 보였다. 그가 속한 부산서부지부 화물 노동자 400명 중 여성 노동자는 세 명에 불과하다.

직장을 다녀본 적 없이 '전업주부'로 살았던 지나 씨는 2016년 집안의 경제사정이 안 좋아지자 화물차 운전을 시작했다. 기술이 없어 무슨 일을 해야 할지 고민하다가 자신이 지닌 유일한 기술이던 운전을 활용하게 됐다. 그는 "가진 기술이라고는 운전밖에 없어서 막연히 운전 쪽을 생각했는데, 제 친구 남편이 화물차 일을 하고 있었고 제 사촌동생도 막 화물차 운전을 시작했더라고요. 다들 화물차 일을 하니 자연스럽게 '나도 하면 되겠구나' 하고 생각했습니다. 큰 차를 몰고 싶었어요"라고 말했다.

현실은 시작부터 녹록치 않았다. 화물차 운전면허를 막 딴 '초보'에다, '여성'이라는 편견이 따라붙었다. 같은 초보여도 남성에게는 기회가 주어졌지만, 여성은 운전 실력이 미숙할 거라는 편견이 따라왔다. 그는 "정말 취업하는 것 자체가 힘들었어요"라고 당시를 회상했다.

운이 좋게 고용기사(차를 구매하지 않고, 차주에게 고용되어 운행하는 형태)로 두 달 정도 일할 기회를 얻었다. 하지만 함께 일하는 동료 기사로부터 '옷 그렇게 입지 마라' '머리 풀고 다니지 마라' 등 '선 넘는' 참견을 들어야 했다. "마치 제가 자기 소유물인 것처럼 제게 명령을 했어요."

한 번 시작된 참견은 멈추지 않았다. 한번은 급여가 너무 적어서 차주에게 임금을 올려달라고 말하며 협상을 했다. 차주는 흔쾌히 받아들였지만 오히려 다른 동료가 지나 씨에게 '이 새끼야 네가 뭔데

임금 얘기를 하냐'는 식으로 말했다. 지나 씨는 억울했다. 그는 "그건
내 권리인데, 그 사람이 뭐라고 할 것도 아닌데 자꾸 부딪혔습니다"
라고 말했다. 결국 고용기사 일을 그만두었다. 자기만의 방처럼,
자신만의 트럭이 갖고 싶었다.

결국 지나 씨는 형편이 어려워 구매할 수 없었던 '추레라'를
빚을 내서 구입했다. 자신만의 트럭을 몰면서 비로소 당당해질 수
있었다고 했다. 그 '추레라'가 지나 씨에게는 "일터이자 무기"였다.
여전히 차별과 편견은 남아 있다. 단지 여자라는 이유로 생각지도
못 한 어려움이 따라왔다. 느닷없는 프러포즈를 받기도 했다.
그저 동료에게 웃으면서 인사를 했을 뿐이었다. "마치 제가 자기를
좋아한다고 착각을 하더라고요. 그런데 가만 생각해보니 제가
뭘 한 것도 없었습니다"라고 말했다. 그는 '내가 그렇게 우습게
보이나?' '내가 그렇게 노는 여자 같나?' 스스로 자기 검열을 하기도
했다고 털어놨다.

지나 씨는 "처음에 남자 동료들이 똑같이 일하러 나온 사람이
아니라 마치 놀러 나온 사람처럼 대했습니다. 본인들도 생계를
위해 일하러 나왔고, 저도 똑같이 제 생계 때문에 일하러 나온 건데,
아무 때나 툭툭 가볍게 대해서 진짜 자괴감이 들었어요"라고 했다.
여성 화장실조차 존재하지 않던 일터의 또 다른 문제도 있었다.
동료들이 다른 남자들과 똑같이 동료로서 봐주었으면 좋겠다고
생각했다. 지나 씨는 "참 희한합니다. 저는 다른 동료들이 이성으로
안 보입니다. 그냥 같이 일하는 사람으로밖에 생각이 안 드는데
남자들은 제 존재를 동료가 아닌 '여자'로 바라보는 것 같아요"라고
말했다.

여자로 태어난 것을 어떻게 하겠나. 그는 '선 넘는' 동료들의

차별과 편견에 정면으로 맞섰다. '그거 성희롱이다'라고 지적해주기도 했고, '그러지 말라'고도 이야기했다. "일하면서 그 사람을 계속 봐야 하는데 매일 불편한 상황이 연출되는 것을 막고자 했습니다. 남성중심의 문화에서 남자들이 여자의 이야기를 안 들어봤기 때문에 모르는 부분도 있다고 생각합니다"라고 말했다.

> 66 저는 오히려 더 저를 드러내는 편입니다. 나는 원래 이런 사람이니까 함부로 대하지 말라는 나만의 방어기제 같은 거예요. 예를 들어 '오빠'라는 호칭도 저는 잘 쓰는 편입니다. 남자들은 다들 형, 형님이라는 호칭을 쓰는데 저는 저보다 나이 많은 남자를 뭐라고 불러야 하나요. 그런데 어떤 사람은 그런 내 모습을 보고 '여자처럼 행동하지 말라'고 하더라고요. 그래서 "내가 뭐로 보이냐. 나 여자다. 여자가 여자처럼 행동하는 게 뭐가 이상하냐. 그럼 나보고 지금 위선적으로 살라는 거냐" 하고 받아들이라고 따끔하게 말했습니다.

그렇게 고군분투하며 일터를 지켜낸 지나 씨는 화물연대 부산서부지부 지부장으로 당선됐다. 화물연대 부산서부지부 최초의 여성 지부장이다. 남성 조합원들이 거의 400명인 가운데, 획기적인 일이었다. 그는 "제가 하는 걸 보고, 열심히 하니까 인정해준 거라고 생각합니다. 그만큼 사람들의 생각도 많이 바뀌었으리라 믿어요" 라고 말했다.

여성 화물 노동자가 더 많아졌으면 좋겠다고 말한 지나 씨는 "여성이 스스로 목소리를 내야 합니다"라고 강조했다. 그는 "그냥 주어지는 건 아무것도 없습니다. 부산 신항에서의 여자 화장실 문제도 그렇고, 꾸준히 요구하니 바뀌고 있어요"라고 했다.

©황지

> 여자라는 걸 자랑스럽게 생각했으면 좋겠어요. 당당하게 살았으면
> 좋겠습니다. 어차피 우리가 여자라는 걸 숨길 수도 없지 않나요.
> 당당하게, 여자답게 살자고요.

본인과 하는 일에 대해 소개해주세요.

최대 26.5톤까지 실을 수 있는 트레일러, '추레라'를 몰고 있는
김지나라고 합니다. 수출입 컨테이너를 나르는 일을 하고 있습니다.
화물차 중에서는 가장 큰 트럭에 속합니다. 화물연대 부산서부지부의
지부장도 겸하고 있습니다.

몇 시에 하루를 시작하고 일과가 어떻게 되는지요.

아침 7시쯤 출근합니다. 차가 크다 보니, 시동을 건다고 바로 갈 수
없어요. 그래서 1시간 정도 워밍업을 해줘야 합니다. 더구나 차가
연식이 좀 돼서 장거리도 어렵고, 추위를 많이 타서 윗 지방에는
못 갑니다(웃음). 부산 내에서 수출입 컨테이너를 옮기는 일을 하고
있습니다.

화물차 운전을 시작하게 된 계기는 어떻게 되나요?

2016년, 집안의 경제사정은 안 좋아졌는데 아이들은 어려서 제가
일을 시작해야 했어요. 그전까지는 직장을 가져본 적이 없는
'전업주부'로 살았습니다. 아무것도 할 줄 아는 게 없어서
고민했지요. 가진 기술이라고는 운전밖에 없어서 운전 쪽을 막연히
생각했습니다. 제 친구 남편이 화물차 일을 하고 있었고 제 사촌동생도
막 화물차 운전을 시작하던 때였어요. 다들 화물차 일을 하니
자연스럽게 '나도 하면 되겠구나' 하고 생각했습니다.

❶
화물차의
수동 변속기.

❷
화물차의
운전 계기판.

❸
자신의 차를
정비하는 김지나 씨.

ⓒ황지현

큰 차를 몰고 싶었어요.

자녀들은 엄마의 노동을 어떻게 생각하나요?
화물차 운전을 시작했을 때 가족의 반응이 어땠나요?

다들 아들이어서 어릴 때는 제가 화물차를 몬다고 하니, 그냥
'그런가 보다' 생각했던 것 같아요. 그런데 이제 현장에 와서 큰
화물차를 보니까 '엄마가 이 큰 차를?' 하면서 자랑스러워하더라고요.

화물 운전을 하는 여성 노동자 수는 얼마나 되나요?
비율이 궁금합니다.

부산서부지부에는 그래도 여성 화물차 운전사가 있는 편입니다.
저희 지부에만 총 400명 정도의 화물 노동자가 속해 있는데, 여자는
세 명이 있습니다. 전체적으로 봤을 때 1퍼센트밖에 안 될 것 같네요.
그래도 저희는 좀 많은 편에 속하고, 우리 지부에 속하지 않은 여성들도
많이 보이는 것 같아요. 이전에는 진짜 찾아보기 어려웠습니다.
부산 신항 안에서는 저보다 오래 일한 여자분이 계셨는데, 그분하고
저 둘밖에 없었어요. 그런데 어느 순간 한 명, 한 명씩 보이기
시작했습니다.

장거리 운전을 하는 화물 노동자의 고충은 그래도
좀 알려진 편이지만, 부산 신항 내에서 컨테이너를 옮기는
일은 잘 안 알려진 것 같아요. 일하면서 고충은 없었나요?

장거리 한 탕(일의 횟수를 세는 은어)은 오랫동안 운전해 컨테이너를
하루에 하나만 옮기는 일이라면, 우리는 수출 신항에서 수출입용
컨테이너를 하루에 열 몇 개씩 옮깁니다. 운전 말고 다른 일도 해야

하죠. 예를 들어 화주 쪽에서 수출하는 컨테이너, 그리고 다시 반납하는 빈 컨테이너의 문을 우리가 일일이 다 열어보고 상태를 확인해야 합니다. 짐을 싣기 전에도 확인하고 짐을 내리고 난 뒤에도 확인하고, 부두에 반납할 때도 검사하는 과정이 있습니다. 또, 반납할 때는 짐을 내리고 난 뒤의 빈 컨테이너를 세척해야 하는데 이를 위해서 내 기름, 내 노동, 내 시간을 사용합니다. 야적장(컨테이너의 하역작업 전후 컨테이너의 인수·인도 및 보관 장소)으로 공짜로 옮겨주는 셈입니다.

택배 노동자들에게도 본인의 업무가 아닌 택배 분류 작업을 '공짜노동'으로 시켜 사회적으로 논란이 되었고, 이를 개선하려는 움직임이 있는데요, 그런 문제가 화물에서도 반복되는군요.

맞습니다. 내 일이 아닌 걸 해야 하니까 답답하더라고요. 예를 들어 두 탕 뛸 수 있는 시간에 한 탕도 못 뛰기도 합니다. 컨테이너가 더러워서 문제가 생기면, 1시간 걸려서 실은 컨테이너를 내리고 새로운 컨테이너에 다시 적재하기 위해 또 1시간을 써야 합니다. 그 시간은 아무도 비용을 책정해주지 않는 시간입니다.

화물 노동자들이 고질적으로 겪는 문제 중 화장실 문제를 빼놓을 수 없을 것 같습니다. 이 부분은 여성이라서 겪는 어려움도 있지 않나요?

요즘에는 그래도 여자 화장실이 꽤 생긴 편입니다. 과거에는 신항 부두 내에 여자 화장실이 없었습니다. 몇 천 평 되는 큰 부두 안에서 몇 시간씩 기다려야 할 때도 있었고 화장실이 멀리 있으니 남자들은 노상방뇨를 하기도 했죠. 보고 싶지 않은 장면을 봐야 할 때도 있었습니다. 부두 쪽에서 상하 차 대기를 할 때는 화장실이 없어요.
긴급한 경우를 대비해서 플라스틱 통 같은 걸 가지고 다니긴 하지만,
화장실이 해결돼야 하니 항상 그 스트레스가 있습니다.

**인스타그램과 같은 SNS를 보면 외국에서는
여성 화물 노동자들이 쓸 수 있는 '여성 소변기' 같은 걸
팔기도 하더라고요.**

저도 검색해봤습니다. 남자처럼 서서 용변을 볼 수 있게 돼 있더라고요.
그걸 사서 써야 하나 진지하게 고민도 해봤습니다(웃음). 하지만
아무리 생각해도 못 쓸 것 같아서 구매는 하지 않았어요.

**물리적인 어려움도 있겠지만, 남초 집단인 '화물판'에서
마초적인 분위기가 있었을 것 같아요. 일터에서 만난 편견과
차별이 있는지 궁금합니다.**

처음에 남자 동료들이 저를 좀 가볍게 대했습니다. 똑같이 일하러
나온 사람이 아니라 마치 놀러 나온 사람처럼 대했죠. 본인들도
생계를 위해서 일하러 나왔고, 저도 똑같이 내 생계 때문에 일하러
나온 건데 아무 때나 툭툭 가볍게 대해서 진짜 자괴감이 들었습니다.
'내가 그렇게 우습게 보이나?' '내가 그렇게 노는 여자 같나?'
이런 질문을 스스로에게 던졌던 것 같아요.

어떤 식으로 '가볍게' 대했나요?

제가 원래 잘 웃는 편입니다. 모든 동료에게 똑같이 인사하고 지냈는데,
느닷없이 프러포즈가 쑥 들어오더라고요. 처음에는 '이게 뭐지?' 하는
생각에 자괴감이 들었습니다. 그런데 가만 생각해보니 제가 뭘

한 것도 없어요. 그냥 동료에게 웃으면서 인사했을 뿐인데, 마치
제가 자기를 좋아한다고 착각을 하더라고요. 그래서 '나한테는
아무런 문제도 없는데 왜들 그러지?' 이런 생각을 많이 했습니다.
이해를 할 수 없었어요. 그러다 제가 화물연대 활동을 적극적으로
하니까 그런 일들은 끊어졌습니다.

**그동안 저도 블루칼라 직군의 다양한 여성분들을 만나
인터뷰했는데, 다른 분들도 자신을 동등하게 '동료'로
대해주지 않는 점이 힘들었다고 하더라고요.**

그러니까요. 참 희한합니다. 저는 다른 동료들이 이성으로 안 보입니다.
주변에 동료라곤 남자밖에 없는데, 제가 동료들을 이성으로 봤으면
사고가 났겠죠. 그런데 저는 그냥 같이 일하는 사람으로밖에 생각이
안 됩니다. 그런데 남자들은 제 존재를 '이성'으로 바라보는 것 같아요.
한번은 이런 적도 있었습니다. 처음에 '고용기사(차를 구매하지 않고,
차주에게 고용되어 운행하는 형태)'로 한두 달 정도 생활했어요. 고용기사는
차주한테 고용되어 월급을 받습니다. 그런데 당시 동료 기사가 제게
'옷 그렇게 입지 마라' '머리 풀고 다니지 마라'며 마치 제가 자기
소유물인 것처럼 명령했습니다. 일하다 보니 내가 생각했던 것보다
급여가 너무 적어서 차주랑 임금협상을 한 적이 있었어요. 차주가
흔쾌히 임금을 더 올려주겠다고 했죠. 그런데 그 사람이 갑자기
'이 새끼야 네가 뭔데 임금 얘기를 하냐'는 식으로 말을 하더라고요.
그건 내 권리인데, 그 사람이 뭐라고 할 것도 아닌데 자꾸 부딪혀서
그만두었습니다. 제가 본인 '마누라'도 아닌데 저한테 이래라저래라
하더라고요.

**'마누라'여도 그렇게 이래라저래라 하면 참기 힘들 것
같아요(웃음). 견디기 힘든 순간이 많으셨을 것 같은데
그중 기억나는 순간이 있나요?**

사실 돈이 없어서 처음에는 화물차를 안 사려고 했습니다. 고용기사로
일하려고 했어요. 그런데 '초보'에다가 '여성'이라는 편견이 겹쳐
차주들이 저를 고용하지 않더라고요. 똑같이 화물차 면허를 땄는데도,
여성이라는 이유로 조작이 미숙하다고들 생각했습니다. 그래서
취업을 하기가 무척 힘들었습니다. 육아도 장애물이 됐어요. 저는
아이도 키우고 살림도 해야 하니 장거리 운전은 어려웠습니다.
아침에 출근해서 저녁에 퇴근하는 차를 찾는데 그런 조건에 맞는
일자리는 구하기 더 어려웠어요. 취업 자체가 힘들었죠. 그러다 우연히
한 지인이 자신의 차를 두 달 정도 탈 기사를 구한다는 사실을
알았습니다. 그렇게 일을 시작했습니다. 그 이후로는 일 자체를 구할
수가 없어서 결국 빚을 내서 차를 샀어요. 남자 초보도 그렇지만,
여자 초보는 특히나 일 구하기가 어렵습니다.

일터에서 마주쳤던 차별이나 불평등에 어떻게 대처했나요?

'내가 낸데' 이런 마인드로 돌파했습니다. 여자인 내가 나인데 어떻게
하겠습니까. 대놓고 그러지 말라고 이야기하는 스타일입니다.
한번은 불쾌한 일이 있어서 상대방한테 '그거 성희롱이다' 얘기했더니
그 사람이 무슨 중범죄자 취급받은 것처럼 되게 기분 나빠하더라고요.
그러려고 이야기한 게 아니라, 제 입장에서는 그 사람을 매일 봐야
하는데 계속 불편한 상황이 연출되는 걸 막고자 했습니다. 혹시나
상대방이 내 기분을 모를까봐 불쾌감을 표시하고 성희롱이니
하지 말라고 했는데 받아들이지 못하는 사람도 있었죠. 그런가 하면

어떤 분들은 즉시 그 자리에서 '몰랐다. 미안하다'고 사과하는 분도 있었어요. 계속 동료로 지내고 싶어서 조언을 해주는 건데 반응들이 제각각입니다.

계속 일터에서 마주쳐야 하는데, 성희롱이나 부적절한 표현들을 지적해도 받아들이지 못하는 사람도 있다면 참 어려웠겠네요. 그럴 경우 어떻게 대처했나요?

어쩌겠어요. 운전을 하고 있을 때는 따로 일하기 때문에 괜찮은데, 다른 일로 같이 봐야 하는 순간이 생기면 아무 일도 없다는 듯이 대합니다. 업무는 업무대로 해야 하니까요.

인터뷰를 하면서 만난 노동자들 중 여성으로서 책 잡히지 않기 위해 더 많은 일을 한다거나 심리적으로 압박감을 느끼는 여성들도 있었습니다. 지나 씨는 어떤가요?

저는 오히려 더 저를 드러내는 편입니다. '나는 원래 이런 사람이니 함부로 대하지 말라'는 저만의 방어기제 같은 거예요. 예를 들어 '오빠'라는 호칭도 저는 잘 쓰는 편입니다. 남자들은 '형' '형님'이라는 호칭을 다 쓰는데 저는 그럼 저보다 나이 많은 남자를 뭐라고 불러야 하나요. 여자도 옛날에는 '형'이라는 호칭을 썼다고 하는데, 저는 제가 여자인 게 좋고 형이라고 부르는 게 어색한데 왜 그렇게 부르는지 이해가 안 갔습니다. 몇 년 동안 저보다 나이 많은 사람들에게 다 오빠라고 부르니 지금은 괜찮아졌는데, 처음에는 남자들도 좀 어색해하는 게 있었던 것 같아요. 제가 오빠라고 부르면 '둘이 무슨 사이냐'고 묻기도 했습니다.

©황지현

여성으로서의 내 모습을 숨긴다 해도 숨겨지는 것도
아니니, 나를 그대로 드러내는 방법을 택한 셈이네요.

일부러까지는 아니지만, 자연스럽게 저를 저대로 드러냈습니다.
살아남으려고 센 척하고 남자처럼 행동하고 싶지 않았어요. 그게
제 모습과는 거리가 멀었습니다. 그런데 어떤 사람은 그런 제 모습을 보고
'여자처럼 행동하지 말라'고 했습니다. 그래서 "내가 뭐로 보이냐.
나 여자다. 여자가 여자처럼 행동하는 게 뭐가 이상하냐. 그럼 나보고
지금 위선적으로 살라는 거냐" 하고 받아들이라고 따끔하게 말했습니다.

주변에서 한마디씩 할 때마다 힘들거나 외롭지는 않았나요?

스트레스는 계속 받습니다. 잊어버리려고 하면 한 번씩
튀어나오니까요. 어떤 이들은 제가 여자라는 걸 계속 의식하는 것
같아요. 하루아침에 모든 걸 바꾸지는 못 하지만, 그냥 아닌 건
아니라고 얘기하고 그런 상황이 생길 때마다 설명해줘야죠.

이런 스트레스를 함께 풀 공동체나 동료가 있나요?

지금은 없습니다. 혼자 스스로 해결합니다. 워낙 성격이 솔직한 편이라
그때그때 이야기하고 그러면서 풉니다. 뒤끝이 없어 오래 담아두지
않습니다.

그래도 일하면서 자부심을 느끼는 순간이 있지 않나요?

항상 자부심이 듭니다. 남자밖에 없는 곳에서도 이렇게 살아남았어요.
어느 날 터미널에서 우연히 젊은 화물차 기사 두 명을 마주친 적이
있었습니다. 그들이 저에게 이 일을 시작하기 전, 화물차 기사를 할지
말지 고민이 많았는데 제 모습을 보고 용기를 얻어 시작하게 됐다고

하더라고요. 뿌듯했습니다.

편견과 차별을 뚫고 화물연대 부산서부지부 지부장으로
당선되셨어요.

획기적인 일입니다. 제가 일하는 모습을 보고 열심히 하니까 인정해준
거라고 생각합니다. 조합원들이 선거를 통해서 뽑은 거니까요.
그만큼 이곳의 분위기도 많이 바뀌었다고 믿습니다. 그리고 제가
복이 있다고 해야 하나요. 열심히 일하는 제 모습을 좋게 봐주시는
분들이 많이 도와주셨습니다.

지난해 화물연대 파업 이후 조합원들 분위기는
어떤지 궁금합니다. 그 이후 윤석열 정부는 노조에
노골적으로 적대적인 정책을 펼치고 있습니다.

실망을 많이 했습니다. 저도 그때 총파업을 접으면서 조합원들에게
너무 미안했습니다. 얻은 게 아무것도 없어서요. 고생을 그렇게 했는데
안전운임제(안전운임제는 특수고용노동자로 분류돼 최저임금제도의 적용을
받지 못하는 화물 노동자들에게 최소한의 운임 이상을 받을 수 있게끔 국토교통부가 운임
을 공표하는 제도)가 폐지됐습니다. 조합원들에게 너무 미안해서 울면서
큰절을 했습니다. 우울하고 무기력하고, 후유증이 오래가더라고요.
저도 그런데 조합원들이야 오죽하겠어요. 실망한 나머지 이탈자도
발생했습니다. 정부가 갈수록 강경하게 나오니 현장 분위기가 좋지
않습니다.

안전운임제가 사라진 현장은 어떤가요?

안전운임제가 사라지자마자 곳곳에서 운임을 깎는 시도를 하고

있습니다. 이미 계약을 끝낸 물량의 운임을 10퍼센트 깎자고 한 곳도 있어요. 수수료를 올리기도 했습니다. 부산 서부권에 있는 한 운송사는 총파업 직전부터 운임을 깎으려 했는데, 화물연대가 버티고 있으니 손을 못 대고 있었어요. 그런데 총파업이 딱 끝나자마자 운임을 깎아버렸습니다. 조합원들도 총파업이 그렇게 끝나버리니, 어쩔 수 없이 울며 겨자 먹기로 받아들일 수밖에 없었습니다.

지나 씨가 일터에서 남성 동료들과 평등하게 일하려면 앞으로 노동환경이 어떻게 변해야 할까요?

여성 화물 노동자가 더 많아졌으면 좋겠습니다. 일터에 여성 비율이 압도적으로 적습니다. 남성중심적인 문화가 형성되는 이유라고 생각합니다. 그리고 여성이 스스로 목소리를 내야 합니다. 그냥 주어지는 건 아무것도 없습니다. 부산 신항의 여자 화장실 문제도 계속 목소리를 내니 바뀌었습니다. 꾸준히 요구하니 노동환경이 조금씩 바뀌고 있습니다. 화물 운송 문화 자체가 바뀌고 있는 게 느껴집니다. 서로 몰랐던 부분을 대화를 통해 알아가게 되기도 합니다. 남성중심 문화 속에서 남자들이 여자들의 이야기를 들을 기회가 없었기 때문에 모르는 부분도 있다고 생각합니다. 남성들에게 상황을 설명하고 이해를 시키면 '맞네'라고 하기도 합니다. 그러니까 여자가 여자의 권리를 위해 계속 얘기를 해야 합니다.

일터에서 이루고 싶은 목표나 꿈이 있나요?

제가 원하는 만큼의 노동을 하고, 정당한 대가를 받는 것입니다. 제가 할 수 있을 때까지 일을 하는 게 목표입니다.

화물차는 지나 씨에게 어떤 존재인가요?

저의 일터이자 무기입니다. 화물차 덕분에 든든하고 당당합니다.

일터의 여성 노동자들에게 해주고 싶은 말이 있나요?

여자라는 걸 자랑스럽게 생각했으면 좋겠습니다. 당당하게 살았으면 좋겠어요. 어차피 우리가 여자라는 걸 숨길 수도 없지 않나요? 당당하게, 여자답게 살았으면 좋겠습니다.

China Shipping
中国海运集团
www.hmm21.com
HY
CHIN
CHIN
HMM
www.hmm21.com

©황지현

"50킬로그램 알곤 용접기를 양쪽 어깨에 피멍이 들어도 메고 다녔어요"

플랜트 용접 노동자 김신혜

©황지현

"타다다닥." 솟아오르는 연기와 거친 불꽃을 따라가면 그을린 금속 매듭이 남는다. 용접사들의 손길이 지나간 자리마다 남겨진 금속 매듭은 쇳덩이들을 단단히 결합시킨다. 용접은 열과 압력을 이용해 금속을 결합시키는 기술이다. 그중에서도 발전소나 공장에서 가스나 물이 지나가는 배관을 잇는 용접은 전문성을 요구하는 까다로운 용접에 속한다.

충남 서산의 플랜트건설기능학교를 찾아 13년째 용접사로 일하는 52세 김신혜씨를 만났다. 주로 발전소에서 배관 용접을 하는 신혜씨는 배관사가 배관을 이으면 그 틈을 용접한다. 이날 용접 훈련장에서 필자에게 배관 용접을 설명해주던 신혜씨에게 교육생들이 다가와 질문이 있다며 물어보기도 했다. 신혜 씨는 직접 시범을 보여주며 그들에게 노하우를 알려줬다.

©황지현

용접을 하기 전 신혜 씨는 삼성석유화학에서 7년 동안 일을 하다 회사의 구조조정으로 해고됐다. 그 뒤 지인의 권유로 발전소에 화기감시자 아르바이트를 한 것이 용접사를 시작하게 된 계기가 됐다. 화기감시자는 화기작업자들 근처에서 불똥이 튀는 것을 막고 불이 나는 것을 감시하는 역할을 한다. 화기감시자로 현장에 발을 디딘 그는 용접사라는 직업을 처음 접하며 현장에 눈을 뜨기 시작했다고 말했다.

화기감시자는 화기위험 감시만 해야 하지만 현실은 그렇지 않다. 작업장 주변 청소부터 작업자들이 원하는 것을 갖다주며 보조하는 조공(보조 작업자) 수준의 업무를 수행한다. 신혜 씨는 일하는 짬짬이 용접사가 어떤 일을 하는지 유심히 봤다. 사방으로 튀는 불꽃을 보며 용접에 매력을 느꼈다. "한번은 탱크 안에서 용접하는 아저씨한테 "아저씨 이거 어려워요?"라고 물으니 "왜?"이러더라고요. "나도 한번 해보고 싶어서요" 했더니 그 아저씨가 "그래 한번 해봐. 당신도 할 수 있어"라고 했어요. 그분이 기능학교를 통해 용접사가 될 수 있는 방법을 알려줬습니다."

13년 전, 신혜씨가 용접을 시작하기로 마음먹었던 충남 서산에는 여성 용접사가 한 명도 없었다. 가족들도 주변 지인들도 모두 신혜 씨의 결심에 꼭 그걸 해야 하느냐고 부정적인 시선을 보냈다. 동료 화기감시자의 한마디가 용기가 됐다. 신혜 씨보다 열 살이 많던 동료 언니는 '내가 네 나이면 당장이라도 시작한다'며 일을 배워보라고 말했다. 여성 화기감시자로서의 설움을 아는 유일한 동료였다. 그 길로 신혜 씨는 용접을 배우기 시작했다.

신혜 씨는 다른 남자 동기들보다 기술을 빨리 습득했다. 발전소와 같은 플랜트에서 배관 용접을 하는 게 그의 목표였다. 여성 용접사가 전무하던 시절, 현실은 생각보다 훨씬 냉혹했다. 용접사들은 취직 전 해당 용접에 적합한 기술을 보유하고 있는지 확인하는 기량 시험을 보는데, 신혜 씨에게는 기량 시험을 볼 기회조차 주어지지 않았다. 단지 여자라는 이유에서였다. 그는 "용접사로 이력서를 내도 '여자가 무슨 용접을 해' '일 시켜봤자 힘들어서 얼마 못 간다'는 말을 많이 들었습니다"라고 말했다.

신혜 씨와 함께 배관 용접 기술을 배운 남자 동기들은 모두 서산의 주요 공장과 발전소에 취직했다. 하지만 신혜 씨는 배관 용접을 하는 곳이 아닌, '잡철'이라고 부르는 인테리어 보강 공사를 하는 곳에 취직했다. 동기들은 배관 용접 현장 이야기를 나누는데 신혜 씨는 그 틈에 낄 수 없었다. 박탈감과 서러움이 몰려왔다. 당시를 회상하던 그는 눈물을 훔쳤다.

❝ 기능학교 동기생들이 열 명 좀 안 되게 모여 선생님을 모시고 밥을 먹었습니다. 다른 동기생들은 배관 용접을 하는 서산의 주요 4사로 모두 취업했죠. 동기들도 저랑 똑같이 초보였어요. 저는 하고 싶어도 배관 용접을 못 하는데 동기들끼리 나누는 배관 용접 현장 이야기에 도저히 낄 수가 없었습니다. 그때 울컥하더라고요. 눈물이 주체할 수 없이 흘러 막 울게 됐는데, 동기들이 "누나 왜 그래?" 하며 깜짝 놀라더라고요. 그래서 "니들은 남자라고 기회를 줘서 파이프 용접을 하는데 나는 여자라고 기회도 주지 않더라. 내가 배관 용접을 할 수 있을까 싶다. 그만둬야 하나"라며 막 울었어요. 그랬더니 동기들이 "누나도 할 수 있어. 우리는 아크도 못하고 CO2(선급용접, 용접 기술의 일종)도 못 하지만 누나는 할 수 있잖아. 기회는 주어질 거야" 라면서 함께 울어주고 다독거려줬습니다.

그러던 중 우연히 기회가 찾아왔다. 서산의 한 공장이 증설에 나섰다. 용접사가 많이 필요해졌다. 신혜 씨는 그제야 회사에서 실시하는 기량 시험을 통과해 공장 현장 배관 용접사로 일하게 됐다. 하지만 용접사 일당보다 훨씬 적은 조공의 일당을 받았다. 역시 여자라는 이유에서였다. 그는 "그 당시 충남 서산에서는 여성 용접사를 쓰려는 회사가 없었기 때문에 저는 '그거라도 어디냐, 용접만 시켜주면 가서 하겠다'는 마인드로 감사히 일했습니다"라고 말했다. 50킬로그램이 넘는 알곤 용접기를 양쪽 어깨에 피멍이 들어도 메고 다녔다.

그토록 하고 싶던 용접을 할 수 있게 되었지만 남성들만 있는 조직문화에 적응하는 건 쉬운 일이 아니었다. '여자가 무슨 용접이냐'고 무시당했고, 성희롱의 대상이 되기도 했다. 그는 "처음에는 많이 울었어요. 일을 시작할 때 저도 40대 초반이었으니 상처를 많이 받았습니다. 이제는 연차도 쌓이고 단단해졌어요. 내가 단단해지면 누가 쉽게 상처를 줄 수 없더라고요"라고 강조했다.

66 한번은 무더운 여름 공장 셧다운(공장 가동을 중단하고 보수하는 기간) 현장에서 일한 적이 있어요. 더우니까 회사에서 아이스크림을 줬죠. 팥빙수랑 우유가 간식으로 나왔는데, 어떤 남자 동료가 우유가 떨어졌다고 팥빙수만 받아오더라고요. 그러더니 저한테 "우유가 없으니까 우유 좀 짜줘요"라고 그러더라고요. 처음에는 무슨 말인지 못 알아들어서 "뭐라고요?" 그랬더니 옆 사람이 "니 젖 짜달라잖아" 이렇게 얘기하더라고요. 그 순간 너무 열이 받았습니다. 그 자리에서 "내가 애 젖 뗀지가 언젠데 아직도 젖이 나와! 니 며느리한테나 가서 짜달라 그래!"라고 소리를 질렀습니다. 그리고 자리를 박차고 나가 사람들 몰래 눈물을 훔쳤습니다. 결국 그 사람이 저한테 직접 와서 "아무리 친해도 그런 농담 하면 안 되는데 미안해"라고

사과하더라고요. 그런 상황이 오면 사과를 받고 할 말을 제대로
해야 해요.

시대가 바뀌면서 혼자였던 신혜 씨 곁에 이제는 여성 용접사
동료들도 생겨나기 시작했다. 신혜 씨가 속한 전국플랜트건설노조
충남지부에는 여성 용접사 열 명이 함께 일하고 있다. 남성 조합원이
4000여 명인 것에 비하면 턱없이 미미한 수치지만 유일한 여성
용접사로 혼자 버텨야 했던 시절과는 조금씩 달라지고 있다.

여자라는 이유로, 용접사 일당이 아닌 조공 일당 12만 원을
받고 일하던 그는 이제 20만 3000원의 용접사 일당을 받는
13년 차 용접사가 됐다. 주변 동료들도 '양손으로 용접하는 김신혜'
라며 그를 인정한다. 신혜 씨에게 일하게 만드는 동기가 무엇인지
묻자 그는 단번에 일이 재밌다며 웃어 보였다. 자부심 넘치는 엄마를
따라 신혜 씨의 아들도 용접사로 일한 지 3년째에 접어들었다.

66 이런 얘기하면 동료들이 미쳤다고 하는데, 파이프(배관)를 보면
반가워요. 용접하면서 '내가 너를 예쁘게 떼워줄 테니까 오래오래
잘 있어'라고 최면을 걸어요. 지금도 아침에 눈을 뜨면 일하러
갈 수 있는 게 너무 좋고 새로운 현장에 가면 설렙니다. 현장마다
해야 하는 일도, 분위기도, 냄새마저도 달라요. 그래서 좋아요.
'더 일찍 용접을 배웠다면 좋았을 텐데' 하는 아쉬움마저 듭니다.

건강하게 정년까지 용접을 하고 싶다는 신혜 씨는 "안 되면
말고, 어차피 가능성은 반반이니까 겁부터 먹지 말고 어떤 일이든
도전을 해봤으면 좋겠어요"라고 말했다.

본인과 하는 일을 소개해주세요.

열심히 사는 엄마이면서 현장의 작업자, 노동자인 김신혜입니다.
1972년생으로 나이는 52세이고, 플랜트 용접 노동자로 일한 지
13년 차가 됐습니다.

몇 시에 일을 시작해서 어떤 일을 하는지요?

하루 일과는 아침 5시부터 시작합니다. 8시까지 현장에 도착해야
하는데 출근길에 차가 너무 밀려서 일찍 출근합니다. 7시 20분쯤
도착해 동료들과 인사하고 7시 40분 TBM(작업 전 안전점검회의)을
하면서 하루 일과를 계획합니다. 8시 10분쯤 현장에 들어가 일을
시작합니다. 배관사, 용접사, 조공 3인이 한 팀이 되어 일합니다.
배관사는 배관을 연결해서 루트를 이어나가고, 저는 배관과
배관을 잇는 용접을 하고, 조공은 그 과정에서 필요한 가공을 하면서
저희 일을 보조해줍니다. 세 명이 한 팀이 되어 마음을 맞춰서 일을
합니다.

일당은 어느 정도인가요? 일을 처음 시작했을 때 일당과
지금의 일당에 차이가 있는지도 궁금합니다.

처음에는 일당 12만 원을 받고 일했습니다. 용접하면서 용접사
단가가 아니라 조공 단가를 받고 일했어요. 첫 회사에서 (여성이기
때문에) 용접공 단가로 못 주겠다고, 대신 조공 단가로 주겠다고
하더라고요. 그 당시 충남 서산에는 여성 용접사를 쓰려는 회사가
없었기 때문에 저는 '그거라도 어디냐, 용접만 시켜주면 가서 하겠다'는
마인드로 감사히 일했습니다. 첫 현장에서 한 달을 그렇게 일하니
열심히 한다고 다음 달 단가를 14만 원으로 올려줬어요.

그렇게 첫 현장에서 14만 원을 받으며 몇 개월을 일했습니다. 다음
현장에서는 시험을 통과해 조공이 아닌 용접사로 취직했고, 용접사
단가로 18만 원을 받게 됐습니다(용접사들은 취직 전 해당 용접에 적합한
용접 기능을 보유하고 있는지 확인하는 기량 시험을 본다). 남자들과 똑같은
단가였어요. 이후 매년 임금협상을 통해 조금씩 일당이 올라서 지금
일당은 20만 3000원 정도 받아요. 사실 달마다 수입은 일정하지
않은데, 한 달에 일할 수 있는 날은 20일 정도고 그마저도 비가 오면
일이 없습니다. 그래도 공장을 세워서 진행하는 셧다운 현장에
가면 자정까지 연장 근무를 하기 때문에 한 달에 많게는 1000만 원
정도를 벌 때도 있습니다.

신혜 씨는 주로 어떤 용접을 하는지 좀 더 자세하게
설명해주실 수 있나요? 일의 장단점도 궁금합니다.

물이나 기름이 지나가는 워터배관, 오일배관, 그리고 황산이나
질소와 같은 가스가 지나가는 특수 배관을 용접합니다. 우리가 가정에
서 흔히 볼 수 있는 도시가스 배관을 이어 붙인다고 생각하면 됩니다.
일하면서 신경 쓰는 건 최대한 빈틈이 없게 용접하는 거예요.
예를 들어 용접 과정에서 배관에 공기 방울이 들어가면 그 작은
틈을 통해 황산이나 질소 가스가 새어나가게 됩니다. 밀폐된 공간에
그런 위험한 가스가 가득 차면 폭발 사고가 발생하거나 사람이
질식하는 상황이 생깁니다. 그런 결함을 방지하기 위해 용접 후
엑스레이나 PAUT(위상배열초음파검사) 등의 비파괴검사를 통해 용접의
안정성을 점검합니다.
이 일의 좋은 점은 일하는 만큼 돈을 많이 벌 수 있다는 점입니다.
그리고 기술자니까 사람들이 인정해줍니다. 현장에 가면 제가 여자여도

저를 함부로 대하지 않아요. '용접사님' 혹은 '반장님'이라고 부릅니다. 누가 저한테 '님' 자를 붙여주겠어요. 일터 밖으로 나가면 '아줌마' '이모' 이러지. 단점은 남자들과 일하다 보니 성향이 조금 안 맞는 점이 있다는 정도예요. 금방 잊어버리긴 하는데 여전히 '여자가 용접을 해?' 하면서 무시하는 이도 있고, '여자가 여자다워야지' '나이도 있는데 언제까지 용접할래' 하는 말을 들을 때도 있어요. 하지만 그런 사람은 100에 한 명 정도예요. 그런 사람들이 하는 이야기는 빨리 잊어버리려고 합니다. 그게 제 정신 건강에 좋아요.

용접사로 일하기 전에는 어떤 일을 했나요?

지금은 없어진 삼성석유화학에서 7년 동안 포장 업무를 하다가 구조조정으로 회사에서 잘렸습니다. 그러다 지인이 화기감시자 일을 제안해서 시작하게 됐죠. 화기감시자는 화기작업자들 근처에서 불똥이 튀는 것을 막고 불이 나는 것을 감시하는 역할을 합니다. 화기감시자로 현장에 와보니 용접사가 있다는 것을 알게 됐고 현장에 눈을 뜨기 시작했습니다.

충남 서산 첫 여성 용접사라고 들었습니다. 전문 기술이 필요한 분야에서 일을 시작하기 쉽지 않았을 텐데, 어떻게 일을 시작하게 됐나요?

처음 현장에서 두 달 정도 화기감시자로 아르바이트를 했어요. 화기위험만 감시하는 게 아니라 주변 청소부터 작업자들이 원하는 것을 갖다줘야 하는 조공 수준의 일을 했습니다. 그러면서 용접사가 어떤 일을 하는지 유심히 봤죠. 한번은 탱크 안에서 용접하는 아저씨한테 "아저씨 이거 어려워요?"라고 물으니 "왜?" 이러더라고요. "나도 한번

➊
용접 시 용접봉(금속 필러)을
녹여 재료를 결합시킨다.

➋
용접 방법에 따라
용접봉의 종류도
달라진다.

➌
가스용접 후 밸브를
잠그는 신혜 씨.

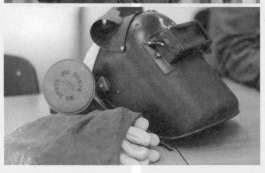

➍
용접면과 용접 마스크는
용접 노동자에게
필수적이다.

©황지현

해보고 싶어서요"라고 했더니 그 아저씨가 "그래 한번 해봐. 당신도
할 수 있어"라며 건설노조 기능학교를 통해 용접사가 될 수 있는 방법을
친절히 알려줬어요. 제가 인복이 많습니다.

용접사를 한다고 했을 때 주변 반응은 어땠나요?

다 반대했습니다. 꼭 그걸 해야 하느냐고들 했어요. 제 지인들도
다른 식당에 자리 있다고 소개시켜주겠다고 했지, 용접하겠다는 저를
응원해주지 않았습니다. 그런데 당시 화기감시자로 같이 일했던
동료 언니가 유일하게 저를 응원해줬어요. 그 언니에게 "언니 저도 용접
한번 해볼까요? 기능학교라는 곳이 있대요. 저도 배워보면 어떨까요?"
라고 물어봤더니 그 언니가 '내가 네 나이면 당장이라도 시작한다'며
해보라고 말해줬습니다. 그 언니는 쉰이었고 저는 마흔이었는데,
그 언니의 한마디가 제게 큰 힘이 됐어요. 여성 화기감시자로 일하는 게
또 다른 설움이 있었습니다. 그러다 보니 동료 언니도 화기감시자로
일하면서 저와 같은 생각을 한 거죠. 아이들이 어렸을 때는 제가 하는
일을 잘 몰랐는데, 커 가면서 엄마는 열심히 사는 사람이라고
자랑스러워합니다.

여성 용접사가 전무하던 시절에 동료 여성의 격려가
큰 용기가 됐을 것 같아요.

그 언니의 격려 덕에 제가 일을 시작하게 됐다고 해도 과언이 아닙니다.
용접사를 하기로 마음먹고 건설노조 기능학교에서 야간에 일을
배우기 시작했습니다. 화기감시자 일을 끝내고 저녁 6시부터 2시간씩
일을 배웠습니다. 그리고 집에 가서는 애들이 어리니 밥도 해야 하고,
밀린 집안일도 했습니다. 그러자니 입술이 다 부르트더라고요.

이렇게는 도저히 안 되겠다 싶어서 일을 그만두고 용접을 배우는 데 올인했습니다. 제 수업시간은 저녁이었지만 기능학교 선생님께 아침부터 나가서 연습을 해도 되느냐고 물었더니, 요즘 사람이 없다고 얼마든지 하라고 흔쾌히 허락을 해줬습니다.

그렇게 3개월 동안 아침마다 용접 연습을 하고 저녁에는 수업을 들었습니다. 저는 정말 일을 빨리 배워서 3개월 만에 (플랜트 배관 용접사로) 일을 구하러 나갔습니다. 서산 지역에 현대오일뱅크, 삼성석유화학 (현 한화), 롯데, LG 등 플랜트 배관 용접사로 일할 수 있는 주요 4사가 있었습니다. 그런데 어느 곳에서도 저를 안 받아줬어요. 여자라는 이유에서였죠. 여성 배관 용접사가 없던 시절이었으니까요.

기술직의 특성인지 모르겠지만, 제가 만난 기술직 여성들은 공통적으로 초보 시절에 일을 구하는 게 굉장히 힘들었다고 했어요. 여성과 남성이 똑같은 초보 실력이어도 관리자는 남성을 선호하죠.

2012년, 일을 시작했을 당시 충남 서산에서는 제가 첫 여성 용접사였어요. 이 지역 사람들은 여성 용접사랑 함께 일해본 경험이 없었죠. 제가 용접사로 이력서를 내도 '여자가 무슨 용접을 해' '일 시켜봤자 힘들어서 얼마 못 간다'는 말을 많이 들었습니다. 회사에서 실시하는 기량 시험을 볼 기회도 주지 않았어요. 그래서 저는 제가 배웠던 배관 용접을 하는 게 아니라 '잡철'이라고 부르는 보강 공사부터 시작했습니다.

그러면 어떻게 배관 용접 현장에 갈 수 있었나요?
정말 우연히 기회가 찾아왔어요. 배관 용접사로 시험 볼 기회가 제게도 주어졌습니다. 서산의 주요 4사 중 하나였는데, 당시 공장 증설에 나섰어요. 이를 위해 용접사가 많이 필요했습니다. 그래서 용접사 기량 시험에 합격해 배관 용접을 시작하게 됐습니다. 정말 열심히 일했어요. 알곤 용접기(아르곤 가스를 이용한 용접기)는 50킬로그램이 넘는데, 양쪽 어깨에 피멍이 들어도 그걸 메고 다녔습니다. 힘든 일도 마다하지 않고, 말 그대로 몸을 아끼지 않고 일했죠. 왜? 전 여자니까요. "무거워서 못 해요"라고 해버리면 또 도태되니까 더 열심히 했습니다. 지금도 그렇게 일합니다. 그렇게 할 수밖에 없어요. 제가 여자라고 무거운 걸 조금 덜 들면 제 팀인 배관사와 조공 그 두 사람이 더 무거워지니까요.

현장에서 일하는 노동자들을 보면 오히려 남자 동료들은 힘들 때 '죽겠다' '힘들다'고도 하는데 오히려 여자 노동자들은 힘들다는 내색을 하기 어려운 것 같아요.

맞아요. 여자들이 살아남기 위해서 얼마나 애를 썼겠어요. 저도 현장에서 살아남기 위해 힘들다는 말을 하지 않아요. 사실 여자들이 근력이 좀 부족하잖아요. 집에 가면 온몸이 다 아파요. 아이 둘을 출산했다 보니 연골도 안 아플 수가 없어요. 신체적인 조건부터 남자들과 다르죠. 그래서 피멍이 항상 들어 있어요. 이제는 어느 정도 경력이 생겼으니 정말 힘든 날에는 남자 동료들한테 도움을 요청하기도 합니다. 그럼 주변 사람들이 정말 흔쾌히 도와주죠.

용접사 중 여성 노동자 수는 얼마나 되나요?

지금까지 여섯 명 봤습니다. 대부분 남성들이에요. 여성들은 손에 꼽을 수준이죠.

여성 용접사 수가 왜 적을까요?

여성 스스로 도전에 대한 두려움이 있는 것 같아요. 그만큼 진입장벽이
높습니다. 용접을 배워야 하는데 애도 키워야 하고 돈도 벌어야
하니까요. 그리고 보통 신랑들도 하지 말라고 하니까 여성들이 선뜻
도전하지 못하는 것 같아요. 현장에서 한 여성 화기감시자 후배가
용접을 할까 고민하기에 해보라고 했는데 신랑이 반대해서 못
할 것 같다고 하더라고요. 제가 직접 해보니 여자들이 못 하는 일이
아니에요. 그저 접해보지 못해서 시작하지 못한 것 같아요. 충분히
할 수 있습니다.

화장실은 충분하게 마련되어 있나요? 요새 건설현장에는 대부분 여성 화장실이 있는 것 같습니다. 처음 일을 시작할 당시 휴게 공간 상황은 어땠나요?

화장실을 가는 것도 일이라 물도 잘 안 먹고 밥도 조절해서 적게
먹었어요. 옛날 화장실은 상상도 하기 싫습니다. 남자들은 바지만
내리면 어디서든 용변을 보던 시절이니 그게 부럽기도 했죠.
또 여성의 경우 생리를 하니까 그게 너무 불편했어요. 산부인과에 가서
아이도 다 낳았으니 자궁을 적출하면 생리를 안 하지 않겠느냐고
한 적도 있습니다. 의사 선생님께서 왜 이렇게 무식한 소리를 하느냐고
호통을 치더라고요. 생리만 안 하는 게 아니라 몸 전체가 바뀌는
일이라고 저를 말렸어요. 대신 생리를 억제할 수 있는 미레나 시술을
받는 게 어떻겠냐고 권유하셔서 시술을 받았죠. 피임이나 다른 목적이
아니라 오로지 현장에서 편하게 일하려고 받았어요.

몸의 변화를 마다하지 않을 정도로 일을 사랑하시는 것

©황지현

같네요. 첫 여성 용접사이다 보니 남성들만 있는
조직 문화에 적응하는 게 쉽지 않았을 것 같아요.

처음에는 많이 울었습니다. 일을 시작할 때 저도 40대 초반이었으니
상처를 많이 받았어요. 용접사들 사이에 용접을 하다가 튀는 불꽃에
눈 화상을 입었을 때 모유를 짜 넣으면 빨리 괜찮아진다는 속설이
있습니다. 되도 않는 소리죠. 한번은 나이가 많은 남자 조공이 눈에
화상을 입었는데, 그때 날 보고 '니 젖 좀 짜주라' 이러더라고요.
제가 하도 어이가 없어서 "뭐라고요?" 이러고 한참을 아무 말을
안 했어요. 그랬더니 자기도 순간적으로 실수한 걸 느끼고 '아니…'
이러면서 사과하기에 한숨만 푹 쉬고 말았습니다. 그래도 이제는
연차도 쌓이고 단단해졌어요. 내가 단단해지면 누가 나에게 쉽게
상처를 줄 수 없습니다.

말 못 할 일들이 많으셨을 것 같아요.
가장 견디기 힘들었던 차별적인 순간이 있나요?

한번은 무더운 여름 셧다운 현장에서 일한 적이 있어요. 더우니까
회사에서 아이스크림을 줬죠. 팥빙수랑 우유가 간식으로 나왔는데,
어떤 남자 동료가 우유가 떨어졌다고 팥빙수만 받아왔더라고요.
그러더니 저한테 '우유가 없으니 우유 좀 짜줘'라고 하더라고요.
처음에는 무슨 말인지 못 알아들어서 "뭐라고요?" 그랬더니 옆 사람이
'니 젖 짜 달라잖아' 이렇게 얘기하더라고요. 그 순간 너무 열이
받았습니다. 그 자리에서 쌍욕을 하면서 "내가 애 젖 뗀지가 언젠데
아직도 젖이 나와! 니 며느리한테나 가서 짜 달라 그래!"라고 소리를
질렀습니다. 사람들 많은 곳에서 창피를 무릅쓰고 그렇게 했어요.
그러고는 자리를 박차고 나가 사람들 몰래 눈물을 훔쳤습니다.

제가 박차고 나간 자리에 남은 사람들이 '무슨 일이 있었기에 김신혜가 그렇게 화를 냈냐'며 웅성대기 시작했다더라고요. 주변 동료들이 그 상황을 전해 듣고 당사자한테 미친 거냐고, 당장 가서 사과하라고 말했다더라고요. 결국 그분이 저에게 직접 와서 '아무리 친해도 그런 농담을 하면 안 되는데 미안하다'고 사과했습니다. 저도 사과를 받아줬습니다.

명백한 성희롱입니다. 아무리 사과를 받았다고 하더라도,
그걸 넘겨야 하는 상황이 힘들었을 것 같아요.

그런 상황이 오면 사과받고 할 말을 제대로 해야 합니다. 사실 고소를 하면 할 수도 있겠지만 그 사람을 고소한다고 한두 달 안에 판결이 나는 게 아니잖아요? 법정 공방을 지난하게 이어가야 하죠. 그러다 보면 내가 피폐해집니다. 그리고 그 상황이 없어지는 게 아니라 항상 제 마음속에 남아요. 그러면 제가 괴로울 것 같았습니다. 그래서 그냥 넘기지 않고 제가 할 말을 하고 사과를 받았습니다. 그러고 삭히는 거죠. 지금도 욱할 만큼 열 받는 일이지만 하루이틀 지난 뒤 제 안에서 작은 일로 만들었습니다.

부당하고 차별적인 순간도 있었지만 그럼에도 불구하고
일을 계속하게 한 동기가 무엇이었나요?

일 자체가 재밌어요. 이런 얘기하면 동료들이 미쳤다고 하는데, 파이프(배관)를 보면 반가워요. 용접하면서 '내가 너를 예쁘게 떼워줄 테니까 오래오래 잘 있으렴' 하고 최면을 걸어요. 지금도 눈을 뜨면 일하러 갈 수 있는 게 너무 좋고 새로운 현장에 가면 설렙니다. 올 여름도 엄청 더워서 힘들었지만 재밌었어요. 내 적성에 맞는

일 같아요. 저는 근력은 부족해도 체력이 좋습니다. 밤새워서 일을
해봤는데, 남자들은 다 떨어져나가는데도 저는 아침까지 쌩쌩했어요.
체력이 방전된 남자 동료들 일을 대신 해준 적도 있어요. 그 친구는
아직도 제 체력이 대단하다고 인정합니다.

고된 일인데도 재미있다고 말하는 신혜 씨의
눈빛이 반짝거려요.

아들이 크론병을 앓고 있었습니다. 아이들과 먹고살고 아들 병원비도
내야 하는데 돈이 부족해서 고단가 일이 필요했어요. 제가 아이들에게
든든한 버팀목이 되어 아이들이 저를 기대고 일어서게 하고
싶었습니다. 아들 줄기세포 이식수술이 1500만 원이었는데 45일
동안 밤낮으로 일해서 그 돈을 벌었죠. 너무 뿌듯했습니다. 이제는
아들도 완치 수준으로 회복했고 아이들도 저를 자랑스러워합니다.
제 아들도 저를 따라 용접을 시작했습니다. 아들도 이 일에 자부심을
가지고 있더라고요.

아들이 어머니를 따라 직업을 선택했나요?

제가 추천했습니다. 어느 날 아들이 진로 고민을 하면서 어떤 일을
하면 좋을지 심각하게 물어보기에 용접을 배우면 좋을 것 같다고,
돈도 되지만 열심히 하면 보람이 있는 직업이라고 말해줬습니다.
그렇게 용접을 배우고 일을 시작한 지 3년 정도 됐는데 적성에
잘 맞는다고 하더라고요. 아들이 일하는 곳의 반장님이 저한테 아들이
용접한 배관에 결함이 하나도 안 나왔다고 하더라고요. 기특하고
자랑스러웠어요.

신혜 씨에게 용접은 어떤 의미인가요?

용접은 저의 일상이에요. 지금도 너무 좋습니다. 파이프만 보면
반갑습니다. 저는 일할 수 있다는 게 기뻐요. 현장마다 해야 하는 일도,
분위기도, 냄새마저도 다릅니다. 그래서 좋아요. '더 일찍 용접을
배웠다면 좋았을 텐데' 하는 아쉬움마저 듭니다.

일터에서 이루고 싶은 목표나 꿈이 있나요?

최대한 건강하게 정년까지 일하는 게 목표입니다. 지금처럼 열심히
일하고 싶습니다.

동시대를 살아가는 일하는 사람들에게 해주실
말씀이 있다면요.

마음가짐이 중요합니다. 큰 상처라고 하면 큰 상처가 되지만,
별거 아니라고 생각해버리면 별거 아닌 게 되더라고요. 특히 여성분들,
겁부터 먹지 말고 어떤 일이든 도전하면 좋겠습니다. 안 되면 말고요.
어차피 가능성은 반반이니까 도전하기를 두려워하지 말았으면
좋겠어요.

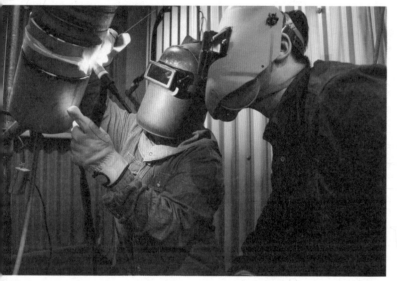

"건설판에서 먹줄 팅기며 얻은 자유, 저는 '먹 아줌마'가 아닌 '먹 반장'입니다"

먹매김 노동자 김혜숙

회색 콘크리트 위로 먹물에 잠겨 있던 실을 팽팽하게 당긴 뒤,
실의 중간 부분을 잡고 위아래로 살짝 튕겨내면 납작한 회색 바닥에
길다란 검은 선이 또렷하게 남겨진다. 이 얇고 가는 검은 선 위로
거푸집이 세워지고 콘크리트가 타설되면 빌딩이 솟아오른다.
　'먹매김'이라고 불리는 이 일은 콘크리트 바닥에 먹실을
튕겨 도면을 그리는 일로 건설현장의 기초가 된다. 61세 김혜숙 씨는
8년째 건설현장에서 먹을 튕긴다. 이 검은 실을 잘못 튕기면
건물이 기울기도 한다. 그렇기에 그는 하루하루 신중하게 먹을 튕긴다.
경기도의 한 건설현장을 찾아 먹매김 노동자 김혜숙 씨를 만났다.
공사장 한쪽에서 벽돌을 의자 삼아 인터뷰를 진행했다.

©박정연

20년 동안 식당 찬모로 일하던 그가 먹매김을 시작한 건 여고 동창의 소개 때문이었다. 처음 '먹매김' 일을 들었을 때는 자신이 할 수 있는 일처럼 느껴지지 않아 한 귀로 듣고 흘려버렸다. 하지만 가정 형편이 어려워지면서 가장이 된 그는 '여자인 내 친구도 하는데 나라고 못 할 게 뭐가 있냐'는 생각이 들어 공사 현장에 발을 들였다.

처음 가본 공사 현장에는 날카로운 못과 건설 자재의 파편뿐 아니라 '외계어'가 난무했다. 먹매김은커녕 공사 용어도 모른 채 현장에 투입된 그는 처음으로 쌍욕을 듣고 "눈물이 핑 돌았지만 삼키고 버텼습니다"라고 회상했다. 쉰 살이 넘어 욕을 먹은 건 처음이었다.

혜숙 씨는 "'사게부리('다림추'라는 뜻으로 수직 잡을 때 쓰는 연장의 일본어)' '오야선(기준이 되는 선의 일본어)' 등 건설현장에서 은어처럼 쓰는 용어를 하나도 몰랐어요. 말이 안 통해서 멍하게 있으면 답답하다고 욕을 먹었죠. 처음에는 실에 걸려 넘어지기도 했습니다. 먹 차장 (먹매김 하는 노동자들의 관리자)한테 '그것도 못 하냐 XX야'부터 시작해서 정말 욕을 많이 얻어먹었죠"라고 머쓱하게 웃어 보였다.

도시 중앙에 고층의 브랜드 아파트를 짓지만 아파트에 한 번도 살아보지 않아서 입구를 찾지 못하는 일도 있었다. "아파트를 만드는 현장에 있지만 내가 아파트를 안 살아봐서 아파트 입구가 어딘지 몰랐습니다. 한 소리 들을 생각에 막막하기도 했었죠."

건설현장의 고질병으로 꼽히는 화장실 부족 문제도 힘들었다. 화장실 자체가 적다 보니 여자 화장실은 더 모자랐다. 용변을 참기 위해 물도 먹지 않았다. "여자 화장실이 하나여서 항상 줄이 길었어요. 지하 6층에서 일하다가도 여자 화장실이 있는 곳으로 올라가야 했죠. 지금은 그래도 현장에서 여성들이 많아지니까 화장실 수도 늘어났어요."

©박정연

현장에서 김혜숙 씨는 '먹 아줌마'로 불린다. 먹을 하는 남성들은 '먹 반장' '먹 차장' 등 직함 앞에 '먹'을 붙이지만 여자는 그냥 '먹 아줌마'다. 그는 "별로 듣기 좋진 않아요. 그래도 어쩔 수 없이 들어요"라고 말했다. 하지만 그가 속한 민주노총 산하 건설노조에서는 그를 '먹 반장'이라고 부른다. "아줌마보다 훨씬 낫죠. 인정받고 일하는 것 같아요. 일하는 세월의 대우를 받는 느낌입니다"라며 '먹 아줌마'보다는 '먹 반장'이 낫다고 했다.

먹줄을 팽팽히 당겨야 하는 업무 특성상 2인 1조로 일하기 때문에 부당한 요구도 있었다. 특히 남자 먹 차장과 둘이 일할 때다. 혜숙 씨는 "먹은 현장에서 정말 머리를 맞대고 일을 합니다. '오늘 끝나고 술 한잔하자'거나 '애인하자'는 요구를 받기도 했어요. 그런데 노닥거리려고 온 게 아니라 일하러 온 거잖아요? 그럴 때 질질 끌려다니면 안 됩니다. 그래야지 일을 할 수 있어요"라고 단호하게 말했다.

그럼에도 계속 일을 했던 이유는 노동을 통해 스스로 돈을 번다는 자부심 때문이었다. 그는 쉬는 날이 거의 없이 일하고 한 달에 400만 원을 넘게 번다. "형편이 어려워서 시작했지만 뿌듯한 마음이 커서 계속할 수 있었어요. 여자로서 이 나이에 이만큼 벌 수 있다는 것에도 자부심을 느끼고 있습니다"라고 혜숙 씨는 말했다.

> **❝** 일이 정말로 나를 자유롭게 만들어줬어요. 내 아들이 결혼하는데 조금이라도 도와줄 수 있고, 신랑한테 용돈 타서 쓰면 치사한 부분도 있는데 그런 점에서 저는 떳떳하고 자유롭죠. 저는 제가 자랑스럽습니다. 그렇기 때문에 더 열심히 일하게 돼요.

어느덧 8년 차로 현장에서 베테랑이 된 그는 막 시작한
여성 동료에게 노하우를 알려주기도 했다. 현장에서 나만의 기술은
곧 생존 능력이기 때문에 이를 선뜻 알려주는 게 쉬운 일은 아니다.
그렇지만 그는 "안 그러면 욕 얻어먹으니까요. 제가 그 설움을
당했으니까 똑같이 당하지 말라고 알려주는 거예요"라고 말했다.
이어 그는 "그래야 여자들이 현장에서 살아남을 수 있잖아요"라고
덧붙였다.

먹줄이 먹물에 담겨 있는 통을 일컫는 '먹통'은 먹매김 노동에
필수적인 도구다. 그는 "먹통은 제 밥통이고, 먹줄은 제 밥줄입니다.
먹통 덕분에 할 줄 아는 일이 있으니까 당당하고 그 일을 통해 돈을
벌죠. 먹통을 보고 있으면 제가 일을 할 수 있다는 자신감이 듭니다"
라며 자부심을 드러냈다. 기다란 검은 실 위에 그의 인생이 걸려
있었다.

본인 소개와 하는 일, 먹매김에 대해 설명해주세요.
이름은 김혜숙. 나이는 61세이고 건설현장에서 먹매김 일을 합니다.
먹매김은 건설의 기초가 되는 일입니다. 먹을 한 뒤에 철근이
들어오면 뼈대가 생기고 형틀 목수가 오면서 거푸집이 생깁니다.
그 뒤 이것저것 하다 보면 집이 완성됩니다. 제가 맨 처음 먹을 놓는 일을
합니다. 건설현장에서 그림을 그리는 첫 번째 일입니다.

도면대로 건물이 올라갈 수 있게 기준이 되는 그림을
그리는 일이 먹매김이라고 이해할 수 있겠네요.
하루 일과가 어떻게 되나요?
아침 4시 50분에 일어나 현장에 5시 40분쯤 도착합니다. 현장에서

❶
먹 노동자들은 철근
하부에 레벨을 치기도
한다.

❷
빨간 선은 그 선까지만
콘크리트를 채우라는
의미다.

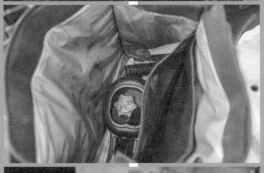

❸
먹통을 담는 가방에는
검은 먹의 흔적이 남아
있다.

❹
옥외작업 노동자에게
필수인 안전모.

©박정연

아침밥을 먹고 6시 50분부터 차장에게 일과를 지시받은 뒤 7시부터 일을 시작합니다. 2인 1조로 함께 먹을 칩니다. 평균적으로 하루에 여섯 명이 두 개 동의 먹을 칩니다. 그리고 철근 하부에 레벨(콘크리트 타설 높이를 나타내는 표식)을 치고 실을 묶습니다. 그 선까지만 콘크리트를 채우라는 의미죠. 먹을 치고, 레벨로 콘크리트 타설 높이를 조정한다고 보면 됩니다.

건설현장에서 일해보지 않은 사람이 먹매김이라는 일을 접하기는 쉽지 않을 것 같습니다. 이 일은 어떻게 처음 시작하게 되었나요?

먹고살아야 하니까요. 신랑의 일이 어려워져 제가 가장이 되었죠. 먹매김을 처음 시작한 건 2017년이었습니다. 그전까지는 20년 넘게 식당 일을 했습니다. 처음 이 일을 시작하게 된 계기는 친구의 소개였죠. 식당 일을 하면서 쉬고 싶거나 내 일정대로 시간을 사용하고 싶어도 '쉬려면 그만둬라'라는 압박이 있었습니다.

그런 어려움을 친구에게 이야기하자 친구가 처음으로 현장 일을 설명해 줬습니다. 당시에는 제가 할 수 있는 일처럼 느껴지지 않아서 한 귀로 듣고 흘려버렸죠. 그러다 여고 동창 모임을 갔는데 그 친구가 다시 구체적으로 일을 설명해줬습니다. 먹실을 튕겨서 하는 일이라는 정도만 들었고, 안전교육 이수를 받고 일단 현장에 나오라고 하더라고요. 왠지 모르게 할 수 있을 것 같은 자신감도 들고 그래서 아무것도 모른 채 현장에 갔습니다.

20년 동안 식당 일을 하시다가 바로 현장에 투입된 거나 다름없었겠네요. 실제로 먹매김을 해본 적이 없는

상태에서 처음 현장에 갔다는 건가요?

먹이라는 것 자체를 몰랐습니다. 처음에는 실에 걸려 넘어지기도 하고 먹 차장(먹매김을 하는 노동자들의 관리자)한테 '그것도 못 하냐 XX야'부터 시작해서 정말 욕을 많이 얻어 먹었어요. '사게부리' '오야선' 등 건설 현장에서 은어처럼 쓰는 용어를 하나도 모르니까 말이 안 통해서 멍하게 있었죠. 그러니 저를 보고 답답하다고 또 욕을 하더라고요. 눈물이 핑 돌았지만 삼키고 버렸습니다.

아파트를 만드는 현장에 있지만 제가 아파트에 안 살아봐서 아파트 입구가 어딘지를 몰랐어요. 현장 입구도 찾지 못해서 한참을 헤맨 적도 있었죠. 그 당시에는 한 소리 들을 생각에 막막하기도 했습니다. 20층이 넘는 현장에서는 엘리베이터가 없어서 화장실도 참고 물도 안 마셨죠. 시작하기로 마음을 먹고 왔으니 죽을힘을 다해 일을 배웠습니다. '세월이 약이다'라는 말처럼 8년이라는 세월이 지나니 이제 현장 일은 모르는 게 없을 정도가 되었습니다. 저는 그렇게 욕을 먹으면서 배웠기 때문에 현장에 오는 여자애들한테 제가 다 알려줘요. 기준선을 제대로 잡는 방법부터, 먹줄을 튕기면서 머리를 너무 숙이면 안 된다는 노하우도 가르쳐주죠.

현장에서는 자신만의 기술이 자원이라 다른 이들에게 잘 알려주지 않는다고 알고 있어요. 왜 다른 여성 노동자들에게 노하우를 가르쳐주시나요?

그래야 여자들이 현장에서 살아남을 수 있잖아요. 안 그러면 욕 얻어먹으니까. 제가 설움을 당했으니까 그 설움을 똑같이 당하지 말라고 후배 여성들에게 알려주는 거예요.

하루 일당은 얼마인가요?

2017년 처음 일을 시작했을 때 일당으로 13만 원을 받았습니다. 3~4년 동안은 계속 13만 원을 받았던 것 같아요. 그리고 그다음 현장에서는 5년 차일 때 1만 원이 올라서 14만 원을 받았고 지금은 19만 원 정도를 받고 있어요. 코로나로 인해 일하는 사람이 줄어서 그 뒤로 단가가 많이 올랐습니다. 저는 현장에서 나오라고 하면 100퍼센트 나갑니다. 그리고 공사가 끝날 때까지 살아남아요. 제가 스스로 일을 찾아서 쓰레기도 줍고 제 나름의 생존 전략을 연구했습니다. 아들이 하나 있는데, 제가 벌어서 애 공부를 가르쳤어요. 애가 집 사는 데 도와주기도 했습니다.

먹매김을 한다고 했을 때 가족들의 반응은 어땠나요?

힘든 현장 일을 여자가 할 수 있겠느냐고 했어요. 남들도 하는데 나라고 못 하겠냐고 대답했죠. 애로사항도 있었지만 일을 할 수 있는 것 자체가 좋았습니다.

보통 건설현장에서 여성 노동자 수는 얼마나 되나요?

통계청 조사를 보면 건설현장의 여성 노동자 비율은 매년 증가하고 있어요. 2014년 8.51퍼센트에서 2023년에는 12.52퍼센트로 늘어났어요.

옛날에는 남자에게만 일을 줬는데 이제는 여자도 배워서 일을 하니까 여자도 일을 잡습니다. 자리를 잡은 여자가 자기 친구들도 데려오면서부터 공사 현장에 여성이 늘어난 것 같아요. 일이 손에 익으면 생각보다 할 만하니까 의욕이 있는 사람은 살아남아요. 사람들과 부대끼면서 하는 게 아니라 자기 일만 하니까 편하죠. 다른 곳보다 몸은 힘들지만 돈도 많이 주고 자유도 있습니다.

일도 힘들지만 남성이 대다수인 노동 문화에 적응하는
것도 쉽지 않았을 것 같아요.

울기도 하고 남한테 하소연하며 버텼습니다. 한번은 남자 차장이
저를 많이 괴롭혔어요. 제가 그만두지 않는 한 그 사람이 상급자고
지시를 받는 관계이기 때문에 말을 들어야 합니다. 높은 데 가서
일을 하다가도 내려오라고 하면 내려와야 했어요. 예를 들어 20층에
서 5분이면 끝나는 일이 남았는데 갑자기 1층 일을 하라고 하더라고요.
"20층 일이 5분이면 끝나니까 끝내고 갈게요" 하면 '뭔 말이 많아,
시키면 시키는 대로 하지 웬 말대꾸를 해'라고 소리를 지르고 욕했어요.
그 사람 말을 안 들으면 안 되는 환경이었죠. 마치 독재자처럼
행동했습니다. 일을 잘해도 꼬투리를 잡았어요. 자기가 데려온
'먹 아줌마'가 아니라는 이유에서였죠. '내일은 그만둬야지' 하고 하루
하루 버티듯이 1년을 일했습니다. 그 사람이 저보다 먼저 그만뒀어요.
나가면서 '아줌마 내가 괴롭혀서 미안해요'라고 하더라고요.
저는 1년 동안 일하고 퇴직금도 다 받고 그만뒀습니다.

건설현장의 고용구조가 뚜렷하지 않기 때문에 차장이
생살여탈권을 쥐고 있는 경우도 있고, 그러면 부당한
지시여도 거부하기 어려웠겠네요. 차장과 2인 1조로
일하면 겪게 되는 어려움도 있을 듯합니다.

먹은 현장에서 정말 머리를 맞대고 일해야 합니다. 한 사람은 실을
잡아주고 또 한 사람은 튕기고 하면서 둘이 일을 하니까 일 시작하고
초기에는 짜증 나는 요구도 많이 있었죠. 저에게 '오늘 끝나고

술 한잔하자'거나 '애인하자'고도 했어요. 노닥거리려고 온 게 아니라
일하러 온 거잖아요. 그럴 때 질질 끌려다니면 안 됩니다. 그래야지
일을 할 수 있어요.

**현장 일도 힘든데 치근덕거리는 사람들을 '잘' 거절하는
것도 스트레스였을 것 같아요.**

농담으로 그 상황을 넘기거나 일단 그 상황에서는 "예, 예" 대답만
하고 집에 가버립니다. 칼같이 행동하면 그렇게 대하지 않더라고요.

또 다른 어려운 점은 없었나요?

'먹 아줌마'가 현장 관리소장의 사무실 청소를 담당해야 했어요.
공사 현장을 관리하는 소장과 먹 차장이 쓰는 사무실이 있는데, 거기를
먹매김 노동자들이 청소해야 했죠. 건설 노동자들은 아침마다
체조를 합니다. 부상을 방지하기 위해 몸을 풀어주려고 하는데, 우리는
체조 시간에 체조를 안 하고 사무실 청소를 했습니다. 먹매김의 업무가
아닌데도 시키니까 했죠. 건설노조에 들어오고 나서는 더 이상 청소
업무를 하지 않습니다.

**건설노조에 가입하게 된 이유가 궁금합니다. 그리고
정부의 건설노조 탄압에 대해 어떻게 생각하시는지요.**

친구가 건설노조 가입을 권유해서 가입했습니다. 들어와보니
더 안전하게 일하게 되어서 좋아요. 여자에게 커피 심부름을 시키지도
않고 '먹 아줌마'가 담당하는 현장 관리소장 사무실 청소도 하지 않아요.
정부가 건설노조를 탄압하는 건 잘못됐다고 생각해요. 우리는
일하는 사람들일 뿐입니다. 왜 일하는 사람을 때려잡는지 모르겠어요.

여름이면 땡볕에서 일하고 겨울이면 눈 맞고 일하는 한 사람일 뿐입니다. 건설노조라고 하지만 다 일하는 서민입니다. 현장에서는 애꿎은 사람들만 피해를 보고 있어요.

체력적으로도 힘들지만 정신적인 스트레스도 많았을 것 같아요. 일을 그만두고 싶지는 않았나요?

지옥 같은 차장을 만나면 매일 그만두고 싶었습니다. 술 먹고 동료들하고 이야기하고 욕하면서 풀었습니다. 그리고 일부러 더 긍정적으로 일했어요. 오늘이 지나면 내일은 아무 일도 없었던 듯이 행동했죠. 어쨌든 일을 해야 하니까. 다른 현장에서도 그런 차장을 만나지 않으리라는 보장이 없으니까. 더 이상한 사람을 만날 수 있기 때문에 일단 주어진 현장에서 내 방식대로 일하면서 버텼습니다. 간, 쓸개를 다 빼놓고 일을 한다고 생각했어요. 그래도 이젠 경력이 쌓이고 베테랑으로 자리 잡으면서 할 말은 할 수 있게 되었습니다.

그만두고 싶을 만큼 힘들어도 일을 계속할 수 있었던 원동력이 있나요?

형편이 어려워서 이 일을 시작했지만 뿌듯한 마음이 커서 계속할 수 있었습니다. 지금은 한 달에 400만 원 넘게 벌어요. 내가 죽을힘을 다한 노력이 인정받는 것 같아 뿌듯하고 일을 더 하고 싶은 마음이 듭니다. 여자로서 이 나이에 이만큼 벌 수 있다는 것에도 자부심을 느낍니다. 일터에서 아침밥, 점심밥도 주고 급여도 줍니다. 저는 제가 자랑스러워요. 내 아들이 결혼하는 데 조금이라도 도와줄 수 있었으니까요. 신랑한테 용돈 타서 쓰면 치사한 부분도 있는데

그런 점에서 저는 떳떳하고 자유롭습니다. 그렇기 때문에 더 열심히
일하게 돼요. 일이 정말로 저를 자유롭게 만들어줬습니다.

먹매김 경력이 8년 차니 일하면서 '이것만큼은 자신 있다' 하는 지점이 있을까요?

먹줄 튕기는 것과 레벨 붙이는 건 자신 있습니다. 기준점을 직접 따서
하기 때문에 오차 없이 깔끔하게 튕길 수 있어요. 먹은 자신 있습니다.

먹은 김혜숙 씨에게 어떤 존재인가요?

먹통은 제 밥통이고 먹줄은 제 밥줄입니다. 그래서 내 먹통에 누군가
함부로 손을 대면 기분이 나쁩니다. 남에게 빌려주지도 않죠.
먹통 덕분에 할 줄 아는 일이 있으니까 당당하고 그 일을 통해 돈을
법니다. 먹통을 보고 있으면 내가 일을 할 수 있다는 자신감이 들어요.

일터에서 이루고 싶은 목표나 꿈이 있을까요?

힘닿는 데까지 일하고 싶어요. 현장에서 저를 받아줄 때까지 일하는 게
목표예요.

마지막으로 하고 싶은 말이 있나요?

모두가 자부심을 가지고 일을 했으면 좋겠습니다. 그리고 현장
일은 누구나 할 수 있으니까 혹시나 관심이 있는 사람이 있다면 일단
부딪쳐봤으면 좋겠어요. 제가 할 수 있는 일이 있다는 게 참
자랑스러워요.

©박정연

"남자들이 '원숭이' 보듯 쳐다봤지만, 보란 듯이 합판을 들어 올렸어요"

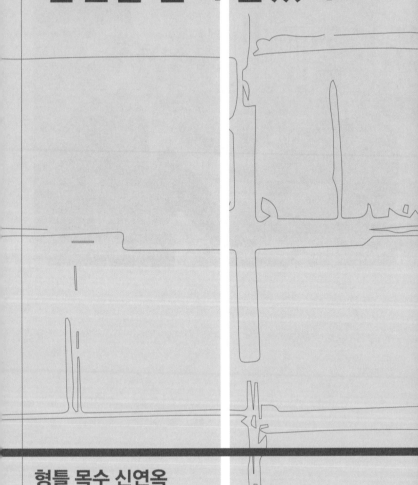

형틀 목수 신연옥

©황지현

중력을 거슬러 솟아오른 콘크리트 건물들은 '형틀 목수'가 쌓아올린다 해도 과언이 아니다. 먹 노동자가 설계 도면을, 철근 노동자가 뼈대를 잡으면 그 위에 '폼'이라 불리는 합판으로 촘촘하게 거푸집을 만들어 올리는 게 형틀 목수의 일이다. 그 거푸집 안으로 콘크리트가 타설되고 양생이 완료되면 건물 한 층이 우뚝 서게 된다. 형틀 목수는 재차 그 위를 딛고 또 다른 기둥과 보를 세우며 층을 쌓아간다. 그렇게 층들이 켜켜이 쌓여 하나의 건물이 완성된다.

경기도의 한 건설현장을 찾아 형틀 목수로 7년째 일하고 있는 신연옥 씨를 만났다. 연옥 씨는 폼을 고정시킬 때 사용하는 핀이 든 못 주머니를 차고 망치와 시노〔끝이 굽은 철 막대. 손지레라고도 불린다〕를 숟가락과 젓가락처럼 자유자재로 사용했다. 15킬로그램이 넘는 폼을 거뜬히 들어 옮겨 그 폼을 허벅지에 대고 2단으로 올려 고정시키기도 했다.

©황지현

형틀 목수로 일하기 전 연옥 씨는 아이들을 키우며 돈이 필요할 때 마트나 물류센터에서 단기간으로 알바하는 "'아줌마'의 삶을 살았"다. 공장 아르바이트를 하며 만난 언니에게 '건설현장에 여자가 있다'는 소식을 들었다. 여자가 건설현장에서 일할 수 있다는 사실은 연옥 씨에게 도전할 용기를 주었다. 그는 건설기능학교에 들어가 기술을 배웠고, 형틀 목수 일을 시작하게 됐다.

> 66 첫 현장은 2017년 안산에서 아파트 지하 주차장을 만드는
> 일이었습니다. 저 한 명 빼고는 다 남자들이었고 제가 그런 현장을
> 처음 가봤으니 당황하고 겁도 나고 그랬죠. 처음에는 남자들이 저를
> 원숭이 보듯 했습니다. 여자가 없는 현장에 들어오니 신기해서
> 제 사진을 찍는 남자들도 있었습니다. '당신 남편은 뭐하느냐'고
> 물어보는 이도 있었습니다. 심지어 저희 팀 현장 반장은 '아줌마가
> 왜 여기 와 있어? 집에 가서 설거지하고 그러지 왜 여길 왔어?'라며
> 저를 보고 깜짝 놀라더라고요. 식당에 가면 더 안전하게 일할 수 있는
> 데 왜 여기 왔느냐고 저를 걱정했습니다. 저도 현장에서 살아남을
> 수 있을지 고민이 많았습니다.

동물원의 '원숭이' 보듯 여자를 볼 정도로, 여자 형틀 목수가 적은 건설현장이었다. 건설노동자의 절대 다수가 남자인 문화에도 적응하기가 쉽지 않았다. '손 한번 잡자' '방 얻을까' 하는 성희롱 발언도 들어야 했다. 그래도 연옥 씨는 건설노조 소속인 '노조팀'이라 안전하게 일했다고 말했다. 노조에 막연히 부정적인 인상이 강했던 연옥 씨는 일하면서 노조는 어려운 사람들이 모여서 함께 싸우는 집단으로 인식하게 됐다고 말했다.

66 노조 안에서는 저를 동지라고 생각해 함부로 대하지 않고 일도
　　자세하게 가르쳐줬습니다. 한번은 일반팀의 먹 차장이 '손 잡고
　　가자'거나 '방 얻을까' 뭐 이런 얘기도 하고 그랬어요. 그때
　　"저 노조팀인데, 함부로 말씀하시면 경찰에 신고하겠습니다"라고
　　대응했습니다. 이런 성희롱이 발생한 상황을 노조에 공유하니
　　그 뒤로부터는 그 사람과 함께 일하지 않을 수 있도록 해줬어요.
　　만약 제가 일반팀이었으면 당장 밥줄이 걸려 있는데, 그렇게
　　단호한 조치를 취하기가 어려웠을 거예요.

　　자기 몸보다 큰 폼을 옮기는 일이 힘에 부쳐서 운 적도 있었지만
힘들다고 안 해버리면 아예 못 한다는 생각에 연옥 씨는 하루하루를
버텼다. 그러다 보니 일이 몸에 익었다. 스트레스도 덜 받게 됐다.
하지만 그를 따라오는 편견은 따돌릴 수 없었다. 무거운 폼도 들어낼 수
있게 되었지만 편견은 쉽게 극복할 수 있는 대상이 아니었다. 여성이라
는 정체성이 압박으로 다가왔다. 그렇게 연옥 씨는 '악바리'가 됐다.

66 출근시간이 오전 7시이지만 저는 4시 30분에 출근해서 2시간
　　일찍 현장 근처에서 대기하고 있어요. 남자들은 담배 피고 쉬는데 저는
　　그 시간에도 계속 일합니다. 내 체력의 한계 끝까지 무거운 것을
　　들기도 했습니다. 긴 파이프인 동바리를 어깨에 두 개씩 들고
　　다녔는데, 다른 남자 동료들이 '네가 두 개 들면 우리는 세 개 들어야
　　하니까 하나만 들어'라고 농담 식으로 이야기하기도 했습니다.
　　'나도 할 수 있다' '나도 이 일을 성실하게 하고 있고 진심을 다해
　　노력을 하고 있다'는 것을 보여주고 싶었습니다.

　　연옥 씨는 형틀 목수로 더 성장하고 싶었다. 여자이기에 힘든

©황지현

일을 '시키지 않겠다'는 동료들의 배려를 거절한 적도 있다. 그는 "원래는 폼을 붙이는 일도 1단 폼 위에 또 폼을 쌓아올려 2단을 만들어야 하는데, 여자라는 이유로 1단만 붙이는 일을 줬어요. 이렇게 배려만 받다가는 제가 2단을 쌓아보지 못하겠다는 생각이 들더라고요"라고 말했다. 20킬로그램 가까이 하는 폼을 2단으로 쌓기 위해 머리로도 받치고 별짓을 다 해봤지만 너무 위험하고 무거웠다. 그렇게 수백 번 시도한 끝에 폼을 앞 허벅지에 받치고 안정적으로 쌓을 수 있게 됐다. 허벅지에는 새파란 멍이 훈장처럼 남았다.

하루하루 버티다 보니 7년이라는 세월이 지났다. 15만 5000원이던 첫 일당은 어느새 25만 원으로 올랐다. 양성공에서 준기능공을 거쳐 지금은 기능공 일당을 받는 연옥 씨는 '숙련공'으로 인정받았다. 그는 형틀 목수로 일하면서 "새로 태어난 것 같아요"라고 표현했다. 그리고 망치와 시노를 어루만지며 "일은 저를 당당하게 살아가게 해주는 힘입니다. 어디 가서 '나 목수예요'라고 말할 수 있는 자부심이 있어요"라고 말했다.

66 일을 시작하기 전의 저는 편히 있어야 할 집에서도 아파서 집에 있는 사람처럼 위축되어 있었는데, 일을 하다 보니 자신감이 생겨서 공부도 하고 그림도 그리게 되고 뭔가 자꾸 하고 싶어지는 사람이 됐습니다. 일을 하면서 제가 새로 태어난 것 같아요. 항상 주눅 들어 살다가 스스로 돈을 벌면서 집에서 큰 소리도 칠 수 있게 되었습니다. 또 집안일이 저만의 일이 아니게 되었어요. 우리 신랑이 빨래 해주고, 아이들이 설거지도 하고 집안일도 서로 나눠서 하며 가정도 평등해졌습니다. 일하는 제 모습이 너무 좋아요. 제가 좀 당당해지는

것 같아요. 뭔가를 할 수 있다는 사실 자체가 좋습니다.

예순이 넘을 때까지 일하고 싶다고 밝힌 연옥 씨는 "더 정확하게 도면을 보고, 기술도 더 배워서 형틀 목수팀의 여자 반장이 되어보고 싶어요"라며 웃어 보였다. 그의 뒤에는 그와 동료들이 세운 거푸집들이 중력을 거슬러 우뚝 서 있었다.

본인과 하는 일을 소개해주세요.

이름은 신연옥. 나이는 52세입니다. 건설현장에서 7년째 형틀 목수로 일하고 있습니다. 콘크리트 타설을 하기 위해 유로폼, 알루미늄폼 등을 이용해 거푸집을 만듭니다. 콘크리트가 타설되면서 터지지 않도록 수평과 수직을 맞춰 견고하게 거푸집을 만들죠. 주로 아파트의 지하 주차장과 상가를 짓습니다.

하루 일과가 어떻게 되고 하루에 얼마큼의
일을 하는지요?

보통 오전 7시에 작업을 시작해 오후 5시까지 일합니다. 공사 현장 주변에 주차할 곳이 마땅치 않아 일찍 와서 주차해야 하다 보니 새벽 4시 30분쯤 출발해 미리 도착합니다. 차를 근처 공터에 주차해놓고 차 안에서 2시간 정도 잔 뒤 출근합니다. 그래서 밤에 활동할 수가 없어요. 수면시간이 무조건 확보되어야 하기 때문이죠. 하루 작업시간은 8시간 정도입니다. 폼으로 거푸집을 만드는 공정을 하루 종일 한다고 하면 한 40개는 넘게 붙일 것 같네요. 다만, 하루에 한 가지 일만 하는 경우는 거의 없기 때문에 얼마큼의 일을 한다고 딱 잘라 말하기는 어렵습니다.

형틀 목수란 콘크리트를 타설할 공간, 그 틀을 만드는 일을 하는 직업이군요. 하는 일과 일의 장단점도 좀 더 자세히 설명해주세요.

주된 업무는 먹(설계도면을 콘크리트 위에 그려둔 선)을 보고 폼이라는 합판을 이용해 콘크리트를 타설할 거푸집을 만드는 일입니다. 폼 규격과 거푸집 크기가 딱 맞지 않는 경우 목재를 깎고 조립해 위에 댈 수 있는 추가 거푸집(가와)을 만들기도 하죠. 형틀 목수는 폼만 설치하는 게 아니라 기둥도 만들고 기둥 사이에 보도 만들고, 보를 받치는 서포트와 슬라브도 설치합니다. 형틀 목수는 현장에서 기능공으로 인정받을 수 있기 때문에 일당이 높습니다. 여성도 목수 일에 어느 정도 숙련되면 기능공이 될 수 있어요. 하지만 그 과정이 매우 힘듭니다. 폼을 이용해서 거푸집을 만든다고 했는데, 폼 무게가 10킬로그램부터 무거운 폼은 20킬로그램이 넘어갑니다. 크기에 맞는 다양한 폼을 직접 들어 옮겨야 하니 체력적으로 힘이 들 수밖에 없습니다. '동바리'라고 불리는 아주 긴 쇠파이프도 날라야 해서 힘에 부칠 때도 있습니다.

먹 반장이 콘크리트 바닥에 설계도를 튕긴 다음 철근이 올라가고, 그다음 형틀 목수들이 폼을 이어 붙여 거푸집을 만들면, 콘크리트가 타설되는 단계로 이해할 수 있겠네요. 기능공이 아니었던 때와 지금의 일당 차이도 크겠군요.

7년 전 15만 5000원으로 시작해 지금은 일당 25만 원을 받아요. 남자 기능공하고 똑같은 단가를 받고 있죠. 2017년 건설기능학교를 졸업하고 건설노조 양성공으로 일하면서 처음 받은 돈이 15만 5000원이었습니다. 준 기능공이 되어 18만 5000원으로 올랐고, 기능공이 되어 25만 원을 받게 됐습니다. 기능공이 될수록 더 다양한 일을 하니까 그만큼의 보수를 줍니다. 형틀 목수가 건설현장의 다른 일보다 강도가 세다 보니 단가도 높습니다.

인터뷰를 통해 만났던 건설현장 여성 노동자 중 가장 많은 일당을 받고 계시네요. 무거운 폼과 동바리를 이고 다니시기도 하더군요. 육체적 노동과 숙련된 경험이 반영된 일당이라는 생각이 드는데, 형틀 목수 일은 어떻게 시작하게 되었나요?

결혼하기 전에는 제약회사를 다녔는데, 남편과 결혼하면서 아이를 갖게 되어 일을 그만두게 되었습니다. 그러면서 마트나 물류센터에서 단순한 아르바이트를 하면서 살았습니다. 아이들을 키우고 돈이 필요할 때는 알바하는 '아줌마'의 삶을 살았죠. 공장에서 아르바이트 하다 남편이 목수 일을 하는 언니를 만났어요. 그 언니 남편이 거기(건설현장)에 여자가 있다는 얘기를 해줬습니다. 알고 보니 그 여성분이 건설노조에서 일하던 1호 여성 노동자였습니다. 그 언니 남편을 통해 '건설기능학교'의 존재를 알게 됐죠. 당시 아르바이트만 하고 고정된 일이 없으니 아이들 대학 등록금 고민이 큰 시기였습니다. 그래서 그 언니와 함께 건설기능학교에 들어가서 목수 일을 배웠습니다.

형틀 목수를 직업으로 삼겠다고 했을 때 가족들 반응은 어땠는지 궁금합니다.

우리 신랑은 '네가 얼마만큼 꾸준히 할 수 있겠느냐. 밥하고 청소하다가 목수를 할 수 있겠느냐'고 했어요. 건설노조 조합원이 됐다고 하니까 '빨갱이'라고 놀리기도 했습니다. 그래서 오기로 더 오래 다닌 것 같아요. 제가 7년 동안 일하니까 이제 놀라기도 하고 대견하게도 생각하는 것 같습니다. 일을 시작하고 처음에는 집안일도 하고 목수 일도 했는데 이제는 신랑이 집안일을 많이 도와줍니다. 많이 변했어요. 우리 아들은 직장생활을 하니까 '엄마 힘들면 그만둬'라고 하는데 제가 아직은 못 내려놓겠더라고요. 나이 예순이 넘을 때까지 일하는 게 소원입니다. 여성 건설노동자 1호 언니가 68세에 정년퇴직 했는데 올해까지 일했어요. 그 언니만큼은 못 해도 '60세 넘어서까지는 해봐야지' 하는 생각으로 일하고 있습니다.

**연옥 씨처럼 형틀 목수를 시작하려는 여성이나 청년들은
건설기능학교를 통해 일을 배우고 시작할 수 있나요?**

그렇습니다. 기능학교에서 일을 배울 수 있습니다. 학교를 통해 기능을 배우면 현장에 투입될 수 있습니다.

**연옥 씨가 일하는 형틀 목수팀에 여성 노동자 수는
얼마나 되나요? 비율이 궁금합니다.**

일반적으로 15~20명이 한 팀을 이루는데, 여성 노동자는 한 명입니다. 팀마다 여성이 포함되어 있는 게 아니라 몇몇 팀에만 여성 목수가 있습니다. 그렇게 많지 않지만 있긴 있죠. 하지만 여성 관리직은 한 명도 없습니다.

왜 건설현장에 여성이 적다고 생각하나요?

일이 힘듭니다. 솔직히 일이 힘에 부칠 때가 많죠. 처음에는 많이 울기도 했어요. 남자들이 던진 말 한마디가 상처가 되어 집에 간 적도

있습니다. 그런데 힘들다고 안 해버리면 아예 못 하는 거니까요. 그래서 그냥 하루하루 버텼습니다. 자꾸 하다 보니 일이 몸에 익기도 하고 스트레스도 덜 받게 됐습니다. 그러면서 버티게 되더라고요. 그러다 보니 7년 동안 일을 했습니다.

한국건설산업연구원 통계에 의하면 건설현장 노동자 열 명 중 한 명은 여성이라고 합니다. 여성 노동자가 앞으로 건설현장에 더 늘어날 수 있을까요?

실제로 많이 늘어났습니다. 하지만 윤석열 정부의 건설노조 탄압이 거세지니 도로 제자리로 돌아가는 것 같아요. 건설노조를 쓰려는 현장이 없습니다. 그러다 보니 남자 조합원들도 일이 없어서 일반팀(비조합원으로 구성된 건설 노동자들 팀)으로 가는데, 여자가 갈 곳은 더욱 없어요. 저는 정말 운 좋게 일할 수 있는 현장이 있습니다. 저도 이 현장이 마지막이 될 수 있다고 생각합니다.

건설노조 조합원들이 모여 일하는 노조팀과 비조합원들이 모여 일하는 일반팀의 노동 분위기가 다르다는 이야기는 들었습니다. 그런데 여성 노동자가 일반팀에 소속되어 일할 수도 있지 않나요?

그렇죠. 하지만 노조팀이 여자가 일하기에는 더 안전합니다. 밖(일반팀)에서 일하면 남자들이 짓궂게 굴고 성희롱을 합니다. 그런데 노조 안에서는 동지라는 생각에 함부로 대하지 않고 일도 자세하게 가르쳐줍니다. 한번은 노조팀 소속이지만 일반팀의 먹 차장과 먹줄을 놓은 적이 있는데, 그 차장이 저에게 '손 잡고 가자' '방 얻을까' 뭐 이런 얘기를 했어요. 상처를 많이 받았죠. 그때 "저 노조팀인데, 함부로 말씀하시면 경찰에 신고하겠습니다"라고 대응했습니다. 이런 성희롱이 발생한 상황을 노조에 공유하니 그 뒤로부터는 그 먹 차장과 함께 일하지 않을 수 있게 됐습니다. 만약 제가 일반팀이었으면 당장 밥줄이 걸려 있는데(일반팀의 경우 '오야지'라고 불리는 팀장이 팀을 이끌고 그들이 생살여탈권을 쥐고 있는 경우가 많다) 그렇게 단호한 조치를 취하기가 어려웠을 거예요.

저는 사실 건설현장에 와서 노조를 처음 제대로 알게 되었어요. 노조에 막연히 부정적인 인식이 있었습니다. TV에서 보는 싸우는 사람들이 노조라고 생각했죠. 신문에서 민주노총은 '귀족노조'라고 하는데 괜찮은 건가 싶었습니다. 기능학교를 졸업하고 일하기 위해 노조에 가입한 건데, 처음에는 건설노조도 이상한 곳이 아닌지 의심했죠. 그런데 안에 와서 보니 어려운 사람들이 모여서 함께 싸우는 집단이었어요. 저는 회사 다닐 때 힘들고 부당해도 참고 다니는 스타일이었는데, 건설노조로 일하면서 '내가 부당한 상황을 이야기하면 들어주는 곳이 있구나' 하는 든든한 느낌을 받았습니다.

윤석열 정부는 '건설노조'에게 '건폭'이라는 이름을 붙여 탄압하고 있습니다.

억울합니다. 우리는 건폭이 아닙니다. 우리는 부당한 것을 부당하다고 이야기할 뿐인데, '건폭'이라 이름 붙여 압박하니 무슨 말을 할 수가 없어요. 현장에서도 조용히 일만 하라는 식이죠. 분하고 속상합니다. 사측에 화장실이 없다고 요구해도 그것이 노조의 요구이기 때문에 들어주지 않아요. 탈의실이 없어서 땀과 먼지에 절은 채로 아침에 출근한 옷을 입고 퇴근하고, 휴게실이 없어서 차에서 쉽니다. 건설노조를 쓰려는 현장이 없어요. 그러다 보니 건설노조 소속의

여성 노동자들이 대부분 놀고 있습니다. 일할 곳이 없어요. 여성뿐
아니라 남성도 놀고 있습니다. 그나마 남성은 일반팀이라도 가는데,
여성은 아는 팀장이 데려가지 않으면 일반팀에서 일하기 쉽지
않습니다.

건설노동자들의 화장실 수가 적은 것이 건설현장의
고질적인 문제인데, 여성 화장실은 충분하게 있나요?
현장마다 다르지만 여기는 그래도 화장실이 두 개 있습니다. 멀어서
그렇지 부족하지는 않아요. 현장에서 화장실이 멀리 있기 때문에
아침에 한 번, 점심에 한 번 가고 일과 중에는 특별한 일이 없으면
안 가고 참습니다. 옛날 어떤 현장에는 더 많은 여성 노동자가 있었는데
여자 화장실이 두 칸밖에 없는 경우도 있었습니다. 그마저도 한 칸은
원청 사무실 노동자들만 쓰겠다고 자물쇠로 잠가둬서 한 칸만
사용하느라 불편했던 적이 있었어요.

남성이 절대다수인 상황에서 적응하는 게 쉽지 않았을 것
같은데 첫 현장에서 일했던 날을 기억하시나요?
2017년 안산이었습니다. 아파트 지하 주차장을 만드는 현장이었어요.
저 한 명 빼고는 다 남자들이었고 현장 자체를 처음 가봤으니
당황하고 겁도 났습니다. 처음에는 남자들이 저를 원숭이 보듯 했어요.
여자가 없는 현장에 들어오니 신기해서 사진을 찍는 남자들도
있었습니다. '당신 남편은 뭐하느냐'고 물어보는 이도 있었습니다.
심지어 우리 팀 현장 반장님은 '아줌마가 왜 여기 와 있어요?
집에 가서 설거지하지 왜 여길 왔어?'라며 저를 보고 깜짝 놀랐죠.
식당 가면 더 안전하게 일할 수 있는데 왜 위험한 여기에 왔느냐고

저를 걱정한 거였어요. 저도 현장에서 살아남을 수 있을지 고민이
많았습니다. 첫 현장에서 만난 그 반장님한테 혼나며 일을 배웠어요.
반장님은 멀리서도 망치질 소리만 듣고 찾아와 그렇게 치면 손
다친다고 기초를 정확하게 할 수 있도록 알려주었습니다. 그렇게
하면 어디 가서도 못 버틴다며 겁을 많이 줬지만 반장님이 조언해준
덕에 제가 일하면서 다치지 않고 여기까지 온 것 같아요. 처음에는
말 한마디에 상처받고 그랬는데 이제는 세월이 약이 되었습니다.

첫 현장의 반장님은 걱정하는 마음에 '설거지하지 왜 왔느냐'
고 이야기했겠지만, 그런 시선은 형틀 목수로서의 성장에
걸림돌이 될 수도 있을 것 같아요.

현장 일 중에 '슬라브 공사'라고 1층에서는 천장인데 위에서는 바닥인,
사람이 딛고 서는 판을 까는 일이 있는데 쉽지 않은 작업으로 꼽힙니다.
보에 올라서 슬라브를 깔아야 하는데 현장에서는 그 일을 제게는
주려고 하지 않아요. 힘든 일이니까 배려해주는 차원이죠. 그렇지만
슬라브 까는 일을 더 잘할 수 있도록 저도 많이 경험해보고 싶은데
'배려'로 인해 배제되는 느낌을 받기도 합니다. 저는 그 일이 힘들더라도
분명히 올라가서 일하고 싶어요. 그래야 내 기술이 얼마나 늘었는지
일하면서 느낄 수 있습니다. 기회를 주면 더 잘할 수 있는데 그런 일은
시켜주지 않으니까 서운한 마음이 들 때도 있는 거죠. 그래도
계속 해보면 됩니다. 원래는 폼을 붙이는 일도 저에게 주지 않았습니다.
1단 폼 위에 또 폼을 쌓아 올려 2단을 만들어야 하는데, 예전에는
여자라는 이유로 저에게 1단만 붙이는 일을 줬습니다. 이렇게 '배려'만
받다가는 2단을 쌓아보지 못하겠다는 생각이 들었죠. 그래서 2단에
폼을 그냥 쌓아봤습니다. 20킬로그램 가까이 하는 폼을 1단 폼 위에

쌓으려고 올려봤는데 폼의 무게 때문에 올라가질 않더라고요.
머리로도 받치고 별짓을 다 해봤는데 너무 위험했어요. 그러다가
앞 허벅지에 받치고 올렸더니 무거웠지만 안정적으로 올릴
수 있게 되었습니다. 그날 저녁 앞 허벅지가 새파랗게 멍으로
물들었더라고요. 그래도 한 번 감을 잡으니까 2단 폼을 붙일 수 있게
되었어요.

**20킬로그램 가까이 되는 폼을 옮기려면 체력적으로 정말
힘들 것 같습니다. 일하면서 가장 힘든 점은 무엇인가요?**

혼자 일하는 것이 힘듭니다. 저는 여자라서 파트너 없이 혼자
일합니다. 일할 때 같이 의논할 사람이 없는 게 가장 힘들어요. 남자
형틀 목수들은 둘이 짝을 이뤄 일을 합니다. 한 사람은 자재를
올려주거나 받쳐주고 한 사람은 작업하는 식이죠. 타일에 핀을 끼어
고정하는데 그 일도 혼자하기 때문에 힘듭니다. 2인 1조로 하는 일 중에
위험한 일이 많은데 결국 저는 그런 일에 투입되지 못합니다. 그러다
보니 눈치를 보게 됩니다. 어려운 일도 해보고 싶지만 그런 경험을
쌓을 기회가 적습니다.

**여자를 배려한다는 동료들의 '선의'에도 계속 어려운 일에
도전해 성장하고 싶어 하는 욕구가 이해됩니다. 여성이
적다 보니 작은 실수들도 '여자의 실수'가 되어 연옥 씨에게
압박처럼 다가왔을 수도 있겠네요. 그런 압박이나 여성을
향한 편견 섞인 시선에 어떻게 대응했나요?**

더 열심히 일했습니다. 출근시간이 7시이지만 저는 4시 30분에
출근해서 2시간 일찍 현장 근처에서 대기합니다. 남자들은 담배를 피고

쉬기도 하는데 저는 그 시간에도 계속 일합니다. 남자보다 힘 있게 하긴 어려우니 쉬지 않고 일했습니다. 제 체력의 한계까지 무거운 것을 들기도 했죠. 긴 파이프인 동바리를 어깨에 두 개씩 들고 다녔는데, 다른 남자 동료들이 '네가 두 개 들면 우리는 세 개 들어야 하니까 하나만 들어'라고 농담 식으로 이야기하기도 했어요. 진짜 악바리 근성으로 동바리 두 개를 드는 거예요. 나도 할 수 있다, 나도 이 일을 성실하게 하고 있고 진심을 다해 노력하고 있다는 것을 보여준 거죠.

현장에서 연옥 씨를 부르는 호칭은 무엇인가요?

노조팀에서는 저를 '동지'라고 부릅니다. 가끔 '여사님'이나 '목수님'이라고 부르는 분들도 있고, 젊은 애들은 '누나'라고 부르기도 합니다. '아줌마'라는 소리도 많이 듣습니다. 사측에서 저를 '아줌마'나 '여사님'이라고 부를 때는 친한 사람들이 부르는 것과는 다른 뉘앙스를 주기 때문에 '반장'이라고 불러달라고 요청합니다. 대체로 남자들이 여자는 자기보다 아랫사람이라고 생각하니까 함부로 부르고 싶은 마음이 있는 것 같습니다. 그런 호칭을 들을 때 바로 지적해야 다음부터 그렇게 부르지 않아요.

**형틀 목수로서 계속 도전하고 일하게 만드는 동기는
무엇인가요?**

시작은 아이들 때문이었습니다. 아이 둘 대학교도 보내고 결혼도 시켜야 하는데 신랑 혼자 벌이로는 힘들었죠. 돈의 스트레스에서 벗어나고 싶었습니다. 그래서 일을 시작했는데 일이 힘들었습니다. 그래도 임금이 세니까 놓지 못하면서 하루하루 버텼어요. 하다 보니 체력적으로는 힘들어도 스트레스는 덜 받고, 노조 소속으로

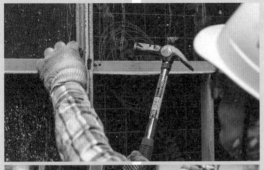

❶
폼 사이를 핀으로
고정시키는 신연옥 씨.

❷
핀이 담겨 있는
주머니와 툴 벨트를
착용한 신연옥 씨.

❸
긴 파이프인 동바리.

❹
고리는 형틀 목수의 추락
사고를 예방해주는 필수
준비물이다.

©황지현

안전하다는 느낌을 받으면서 일하니까 오래 할 수 있었습니다.

무거운 폼을 번쩍 들고 능숙하게 연장을 다루는 모습이
멋있습니다. 자부심을 느끼는 순간도 있었을 것 같은데요.

저는 한국에 몇 안 되는 여성 목수입니다. 제가 처음 일을 시작할 때는
여성 목수가 열 명도 안 됐어요. 그러다 20, 30명으로 늘어나면서
우리가 대단해지는 느낌이 들고 자부심이 생겼습니다. 일을 시작하기
전의 저는 아파서 집에만 있는 사람처럼 집안에서 위축된 사람이었는
데, 일하다 보니 자신감이 생겨서 공부도 하고 그림도 그리게 되고 뭔가
자꾸 하고 싶어졌습니다. 일하면서 제가 새로 태어난 것 같아요.
항상 주눅 들어 살다가 스스로 돈을 벌면서 집에서 큰 소리도 칠 수 있게
되었습니다. 또 집안일이 저만의 일이 아니게 되었습니다. 우리
신랑이 빨래해주고, 아이들이 설거지도 하고 서로 나눠서 집안일을
하면서 집안이 더 평등해졌습니다. 일하는 내 모습이 너무 좋습니다.
더 당당해지는 것 같아요. 뭔가를 할 수 있다는 사실 자체가 좋습니다.

형틀 목수가 하는 많은 일 중에 '이 일만큼은 자신 있다'
하는 게 있나요?

목재 거푸집을 짜서 문과 창문의 틀을 잘 만듭니다. 특히 폼으로
떼울 수 없는 빈 공간을 잘 채우죠. 저는 디테일을 정확하게 해야 한다고
생각합니다. 그리고 반생(철사 매듭)을 잘 묶습니다. 이걸 잘못 묶으면
콘크리트가 굳을 때 거푸집이 밀리는데 이제 손에 익어서 빠르게
제가 잘하는 일 중에 하나예요.

인터뷰를 하러 오실 때도 망치와 시노를 들고 오셨네요.

망치와 시노는 신연옥 씨에게 어떤 의미인가요?

저를 현장에서 살아가게 해주는 힘입니다. 이 도구들이 아니었다면
제가 어디 가서 이만큼의 돈을 벌고 당당하게 일할 수 있었을까요.
저에게 자신감을 주는 도구들입니다. 어디 가서 '나 목수예요' 할 수
있는 이유가 됩니다.

일터에서 이루고 싶은 목표나 꿈이 있나요?

나이 예순이 넘을 때까지 일하고 싶습니다. 기회가 된다면 작업반장도
해보고 싶고요. 팀장도 해보고 싶지만 거기까지는 바라지 않고,
더 정확하게 도면을 보고 기술도 더 배워서 형틀 목수팀의 여자 반장이
되어보고 싶습니다.

동시대를 살아가는 일하는 사람들에게 해주실
말씀이 있다면요.

포기하지 않는다면 자신감을 갖고 일할 수 있는 때가 올 거예요.
힘들다고 주저앉아버리면 아무것도 되지 않아요. 주저앉지 말고
움직여서 뭐라도 했으면 좋겠습니다. 그리고 여성 노동자들이 위축되지
않고 계속 배웠으면 좋겠습니다. 그러다 보면 좋은 날도 오겠죠.

©황지현

"동료들과 함께 살아남으려면 내 팀은 내가 지켜야 해요"

건설현장 자재정리·세대청소 노동자 권원영

수북이 쌓인 콘크리트 먼지와 못, 건설 자재들이 뒤섞인 건설현장에서 철근팀, 형틀팀, 타설팀, 전기팀 등 수십 개의 팀이 동시다발적으로 작업을 진행한다. 그렇게 해야 빠듯한 '공기 공사기간'를 맞출 수 있다. 현장에서 이들이 얽혀 작업할 공간을 확보하기 위해 재활용 가능한 자재들을 분류하고, 폐자재를 정리하는 작업은 일의 진행뿐 아니라 현장의 안전을 위해서도 필수적인 일이다.

경기도의 한 아파트 건설현장에서 자재정리·세대청소팀에서 작업반장으로 일하는 45세 권원영 씨를 만났다. 폐자재가 가득 했던 아파트 한 세대를 말끔하게 치운 원영 씨는 포대를 탁탁 털어 필자에게 건네고 본인도 포대 위에 철푸덕 앉았다.

©박정연

원영 씨는 방진마스크를 쓴 채 뿌연 먼지 속을 뚫고 다녔다. 자기 몸집보다 더 큰 폼(거푸집을 만들 때 사용하는 철재로 만든 합판)을 옮겨 재활용할 수 있도록 분류했고, 아파트 한 세대를 가득 채운 폐자재들을 쓰레기별로 분류해 깔끔하게 정리했다.

현장에서 유일한 여성 관리직인 그는 자재정리·세대청소팀 작업반장이다. 작업반장은 현장의 위험 요소를 제거하고, 현장마다 적절한 팀원을 투입하고 감독한다. 또한 전후 공정 간 일정을 조율한다. 예를 들어 앞 일정은 거푸집을 해체하는 해체팀, 뒤 일정은 지지대와 같은 동바리를 설치하는 시스템 설치팀일 경우 그 사이 정리팀이 투입되어 현장을 정리해야 한다. 원영 씨는 공정끼리 일정을 협상하기 위해서는 "현장이 머리에 '빠삭하게' 들어와 있어야 한다"고 강조했다.

여성 관리직뿐 아니라 여성 노동자가 절대적으로 적은 게 건설현장이다. 이 상황에서 여성이 작업반장이라고 하니, 현장 곳곳에서는 '여자가 작업반장을 한다고?'라는 편견 섞인 질문이 튀어나왔다. 그는 "왜 여성은 안 된다는 소리를 제가 들어야 하나요. 제가 여기서 포기하면 현장에 조금씩 들어오는 2030세대들이 스스로 한계를 정하거나 성장할 마음이 없어질 것 같았습니다. 여성 관리직이라는 롤모델이 없기도 했고 그래서 욕을 먹더라도 내가 (작업반장을) 해야겠구나 생각했어요"라고 말했다.

이번 현장에서 원영 씨는 하루 보통 8세대 내의 폐자재를 정리하고 있다. 평형이 넓은 아파트라 쉬는 시간 없이 일해야 한다는 그는 일을 많이 해서 다른 팀에게 '쿠사리(면박의 일본어 표현. 한국의 건설 직종은 이따금 일본어로 된 은어를 사용한다)'를 듣는다고 했다. 현장에서 만난 그의 동료는 "권 팀장은 너무 '빡세게' 일해요"라고 말했다.

점심시간을 쪼개서 한 인터뷰 중에도 그는 눈앞에 보이는 자재들을 항공 마대에 쓸어 담으며 '이것까지만 할게요'라고 여러 차례 말했다.

원영 씨가 속한 민주노총 산하 건설노조 자재정리·세대청소팀 노동자가 받는 하루 일당은 17만 원 선. 그는 "일하기 위해 노조를 만든 건데, 그걸 이유로 마치 '빽'인 것처럼 일을 안 하면 안 되지 않나요? 받는 단가에 책임을 지기 위해 일을 열심히 하는 것뿐이에요. 책임과 의무를 다해야 한다고 생각합니다"라고 말했다.

'쟤가 그 여자 작업반장이야?' 하는 수군거림과 날선 시선을 받으며 일을 시작한 원영 씨는 '노동'으로 자신을 증명했다. 그는 "반장들은 진짜 실무를 하는 사람들이기 때문에 일하는 양이나 모습을 보면 진짜로 일하러 온 건지 아닌지 금방 판단해요. 제가 일하는 모습을 보고는 다들 빠르게 '작업반장'으로 인정해주었어요. 인정받은 뒤에는 일하기 편해요. 믿고 맡겨주니까요"라고 말했다.

팀장인 원영 씨가 가장 주의를 기울이는 건 팀원들의 안전이다. 그는 팀원들을 지키기 위해 더 거친 모습을 보인다고도 했다.

> " 나를 위해서가 아니고 현장에서 동료들이랑 안 쫓겨나고 같이 살아남기 위해서예요. 그러려면 어느 정도 쇼맨십도 보여줘야 합니다. 작업반장이 여성이라는 이유로 다른 공정 팀장이나 현장 소장이 우리 팀을 무시할까봐 더 소리 지르고 욕했을 수도 있어요. 그 대신 우리 팀원들은 저 이외에 다른 간섭은 없이 편하게 일합니다. 제가 만약 일도 못하고, 제대로 감독도 안 하면 현장 소장이 와서 잔소리 하니까요. 내 현장과 내 팀원들은 내가 지켜야 합니다.

본인과 하는 일을 소개해주세요.

건설현장 자재정리·세대청소팀에서 작업반장으로 일하는 권원영이라고 합니다. 나이는 마흔다섯 살이고 이 팀에서 일한 지 4년 됐습니다. 저희 팀은 자재를 정리하는 정리팀과 세대를 청소하는 세대팀 일을 같이 합니다. 세대를 청소할 때는 각 세대마다 콘크리트 자재와 반생이(굵은 철사)와 철근을 분리해 쓰레기를 수거하고, 빗자루로 먼지를 쓸어 마무리 청소를 담당합니다. 자재정리팀은 목수들이 거푸집을 만든 폼을 재사용할 수 있도록 정리하는 일을 합니다. 외벽이나 슬라브 같은 곳에 올라가서 폼을 비롯한 자재들을 밑으로 내려 목수들이 재사용할 수 있도록 정리하는 일을 하고 있습니다.

아파트 공사 현장 세대마다 발생하는 공업 쓰레기들을 처리하고, 재사용 가능한 자재들을 정리하는 일을 담당하시는 거군요. 하루 일과는 어떻게 되고 어느 정도의 일을 하시나요?

대체로 아침 6시에 출근해서 7시에 전체 팀 회의를 하고 일을 분배받아 세대청소를 진행합니다. 세대 정리의 경우 공사 현장마다 분위기가 달라서 하루에 몇 세대를 정리한다고 정해진 건 없어요. 지금 제가 있는 현장에서는 하루에 8세대를 정리하고 있습니다.

아파트 세대가 평형이 59제곱미터 이상은 되던데 하루에 8세대 정리를 하면 얼마나 걸리나요?

거의 쉬는 시간 없이 해야 합니다. 그래서 욕을 많이 먹고 있기도 합니다. 주변 동료들이 '일을 너무 '빡세게' 하는 것 아니냐'고 뭐라 하는 식이에요. 그런데 내가 일하는 환경을 개선하기 위해 노조를 만든 건데,

©박정연

마치 노조를 '빽'인 것처럼 하면서 일을 안 하면 안 되잖아요.
선배들이 힘들게 일거리를 찾고 사람답게 일할 수 있는 일터를 만들기
위해 30년간 노력한 끝에 지금의 노동환경을 쌓아올렸는데 제가
소홀히 해서는 안 되지 않나요? 제가 받는 단가에 책임을 지기 위해 일을
열심히 하는 것뿐입니다. 책임과 의무를 다해야 한다고 생각합니다.

자재정리를 할 경우에는 하루 일과가 어떻게 되나요?

자재정리의 경우 제가 작업반장이기 때문에 공정회의를 합니다.
앞뒤 공정 팀장님을 찾아가서 일정을 조율하죠. 예를 들어 앞 일정은
거푸집을 해체하는 해체팀, 뒤 일정은 지지대와 같은 동바리를
설치하는 시스템 설치팀일 경우 그 사이에 우리 팀이 투입되어서
현장을 정리해야 합니다. 그렇기 때문에 전후 공정 사이의 일정 조율이
필수적이에요. 공정끼리 일정 협상을 하기 위해서는 현장이 제
머릿속에 '빠삭하게' 들어와 있어야 합니다.

하루 일당은 어느 정도인가요? 처음 일을 시작할 때의
일당과 지금 일당에 어느 정도 차이가 있나요?

옛날부터 정리는 건설현장에서 '청소부' '잡부' 취급을 받아와서 다른
공정에 비해 단가가 세지 않아요. 같은 건설노조에서 일을 잡아도 형틀
이나 목수는 '기술직'이라며 알아주지만, 우리는 잡부 취급합니다.
정리팀을 바라보는 그런 시선이 지금도 어느 정도 남아 있습니다.
정리팀은 하루 일당이 17만 5000원입니다. 작업반장일 경우 단가가
더 오릅니다. 처음 일을 시작했을 때 일당은 14만 5000원이었어요.
건설노조가 임금을 협상하면서 힘들게 5000원, 1만 원씩 올려
여기까지 왔어요.

❶
형틀목수가 사용할 수
있도록 정리해놓은 폼.

❷
세대 청소를 한 뒤
항공 포대에 담긴
폐자재들.

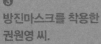

❸
방진마스크를 착용한
권원영 씨.

❹
세대 내 폐자재 정리 후
빗자루로 먼지를 쓸어
청소를 마무리한다.

©박정연

자재정리·세대청소팀 일은 언제 처음 시작했고,

시작하게 된 계기가 무엇인가요?

2021년 9월, 마흔두 살에 처음 일을 시작했습니다. 이전에는 학원
강사도 했고, 현장에 오기 직전에는 자영업을 했어요. 수원에서
오래 살았는데 마을 단체를 꾸려 차 없는 거리를 만들기도 하고,
이런저런 활동을 많이 했습니다. 아이 셋이 있는데 '내 아이를
잘 키우려면 동네가 잘 되어야 한다'는 생각에 그런 활동을 했습니다.
그러다 코로나19가 터지고 생계 문제가 생기니까, 마을에서 함께
봉사하던 친구가 현장 일을 제안했어요. 당시에 자영업을 하고 있어서
1년 동안 거절하다가 경기가 어려워져 장사를 접었는데 그때도
친구가 현장 일을 다시 제안해줘서 얼떨결에 하게 됐습니다.

자재정리·세대청소팀에서 일을 시작하려는 사람들은

어떤 경로로 일을 배우고 시작할 수 있나요?

대부분 개인적으로 친분이 있는 사람을 통해 일을 시작하는 경우가
많은 것 같아요. 노조에서 설립한 전국건설기능훈련취업지원센터를
통해 일을 배우고 현장으로 투입되기도 합니다.

정리팀에 여성 노동자 수는 얼마나 되나요?

비율이 궁금합니다.

일반적으로 정리팀 한 팀이 12명이라고 생각하면 여성 노동자들은
두 명 내외예요. 많은 편은 아닙니다.

여성이 점점 건설현장에 늘고 있는 추세인 것 같은데

그 이유가 무엇이라고 생각하세요?

이 현장의 전기 반장님이 조카를 데리고 일합니다. 반장님 조카가
스물일곱 살이고 여성이에요. 그 친구한테 어떻게 하다가 현장에
왔느냐고 물어봤더니 그 친구가 '돈 벌려고 왔어요' 그러더라고요.
전에는 요식업 매니저로 일했는데 세금 떼고 하면 월수입이
300만 원도 안 됐다고요. 그 친구가 삼촌 따라 현장에 전기 설치를
배우겠다고 온 거예요. 그렇게 와서 일한 지 2년 정도 됐는데
하루 일당 15만 원을 받는다고 합니다. 요즘은 직업에 귀천이 없어요.
내가 열심히 하고 기술을 익혀서 내 것으로 만들면 됩니다. 그 친구를
보니 처음에는 다들 돈 때문에 시작하지만 하다 보면 기술도 익히고
보람도 있으니 건설현장에 남는 것 같아요.

건설노동자의 열악한 노동환경으로 손꼽히는 게
화장실 문제입니다. 여성 화장실은 충분한가요?

예전에는 현장에 여성이 없어서 화장실 설치를 하나만 해놨어요.
여성 노동자가 화장실에 가려면 마음 먹고 멀리 돌아가야 했는데,
요즘 현장에는 여자 화장실이 기본적으로 네 개 정도는 있는 것 같아요.
여성 탈의실도 별도로 생겨서 일하기가 좀 더 편해졌습니다.

아까 보니 다른 남성 노동자를 '형'이라고 부르시더라고요.
남성이 다수인 상황에서 적응하는 게 쉽지 않았을 것 같아요.
어떻게 적응할 수 있었나요?

처음에는 다 '반장님'이라고 불렀어요. 그러다 어느 정도 친한 사람이
생기니까 '우리 그냥 편하게 지내자' 하면서 제가 여성이기는 하지만
남자 동료들을 '형'이라고 부르기 시작했습니다. 좀 더 편하게
지내기 위해 선택한 방법이에요. 대학 다닐 때도 남성 선배들한테

'형'이라고 부르기도 했습니다. 공적인 상황에서는 그들이 알아서 '팀장님'이라고 불러줍니다.

아무리 친해져도 선은 지켰던 것 같아요. 일하러 왔으면 일만 하면 되죠. 사생활은 물어보지 말라고 선을 그었습니다. 그리고 동료들이 많이 도와주기도 합니다. 지나가다 다른 팀에서 '권 여사 밥 한번 사줄게. 시간 좀 내' 이런 식으로 말을 걸면 팀원들이 '권 팀장님한테 그런 식으로 농담하지 마요'라고 대신 잘라주기도 합니다. 그리고 제가 웃으면서 직설적으로 이야기하는 편입니다. 예를 들어 "그렇게 소리 지르면 안 된다고 했지. 자꾸 그러면 나 욕한다" 하면서 웃고, 분위기를 바꿔주려고 합니다. 할 말은 하면서도 콩트식으로 상황에서 벗어나고자 합니다.

현장에서 원영 씨를 부르는 호칭은 뭔가요?

지금 현장에서는 다들 '권 팀장'이라고 부릅니다. 작업반장도 같이 하고 있으니까. 처음에는 한 노동자가 '아줌마' 하면서 이런저런 요구를 하더라고요. 그래서 그 요구는 요구대로 들어주고, "현장에서 아줌마라고 하지 말고 반장님이라고 해야죠"라고 웃으면서 이야기 했습니다. 그랬더니 '알았어. 미안해'라고 하더라고요. 사람이니까. 모를 수도 있다고 생각하면서 웃으면서 이야기하면 통하는 것 같아요. 공사 현장이라고 해서 옛날처럼 일용직을 생각하고 일하러 오는 게 아니라 직업의식을 지니고 들어오는 사람이 많습니다. 웃으면서 서로 배려하면서 일하고 있어요.

원영 씨는 자재정리·세대청소팀의 작업반장이라고 하셨는데, 공사 현장에서 여성 관리직은 정말 찾아보기 어려웠습니다.

작업반장은 일반적으로 어떤 일을 하나요?

우리 팀이 맡은 현장 작업을 제가 지시합니다. 현장의 위험요소를 제거하고 현장마다 적절한 팀원들을 투입하는 일을 하는 거죠. 그리고 현장에서 일을 같이 합니다. 작업팀장은 팀원을 관리하고 회사와 협상을 한다거나 외부적인 일을 하고 작업반장은 실무적으로 현장에서 일하는 사람이라고 이해하면 돼요.

여성 관리직이 절대적으로 적은 현장에서 어떻게 작업반장이 될 수 있었나요?

처음 일을 시작하고, 6개월 정도 일을 했을 때 총무를 맡게 됐어요. 당시 팀장은 제가 여성이니까 저를 배려해서 힘든 최대한 일을 하지 않도록 배려해주었습니다. 그리고 정리팀 작업반장을 하는 것이 힘들고 어려운 일이니까 하지 말라고도 했죠. 당시에는 저도 반장에 대한 욕심이 없었으니까 그 말을 들었어요. 하지만 오히려 팀원들이 '능력이 되는데 작업반장을 하는 게 낫지 않겠느냐' '팀장을 해도 되지 않겠느냐'는 이야기를 해줬습니다.

그러다가 다른 정리팀장과 일을 했는데, 그분께서 제가 일하는 모습을 편견 없이 봐줬어요. 거푸집으로 쓴 폼들이 좀 무거운데 그것들을 쌓아서 반생으로 묶어 정리하고, 외벽도 타고 저에게 맡겨진 일은 무슨 일이든 해내려고 노력했습니다. 그런 모습을 보고 다른 팀에서도 목수나 해체 기사들이 '여성한테 그런 힘든 걸 시킨단 말이야? 그거 하지 말고 우리 팀으로 와'라는 식으로 이야기하기도 했습니다. 그런데 저는 외벽을 타는 일이든 폼을 쌓는 일이든 여성도 할 수 있다고 생각했어요. 오히려 현장에서 남성이 하는 일, 여성이 하는 일을 분리하지 말아달라고 했습니다. 단가도 동등하지 않나요. 그렇게

차곡차곡 일하다 보니 현장을 제대로 알려면 필수로 작업반장을
해야 할 것 같더라고요. 다른 공정과 조율하면서 현장이 전체적으로
보이니까. 나중에 팀장이 되더라도 현장을 모르면 안 되니까.
그런 팀장은 제가 용납이 안 됐어요. 이번 정리팀장은 저에게 작업반장
을 해보라고 제의해주었고 고민 끝에 수락했습니다. 왜 여성은
안 된다는 소리를 들어야 하는지 용납이 안 됐죠. 요즘 현장에
2030세대들이 조금씩 들어오는데 제가 여기서 포기하면 그들도
스스로 한계를 정하거나 성장할 마음이 없어질 것 같았습니다.
여성 관리직이라는 롤모델이 없기도 했고, 그래서 '욕을 먹더라도
내가 해야겠구나' 생각했습니다.

가뜩이나 여성이 적은 현장에서 여성 반장이라고 하면
주목도 많이 받고, 잘한 부분보다는 못한 부분이 더 크게
보였을 것 같아요. 남성 하급자가 대다수인 현장에서
원영 씨의 리더십을 어떻게 인정받았나요?

여자만 수다가 많다고 생각하는데, 현장직 남성들도 수다가 많습니다.
그러다 보면 자연스레 뒷말도 나옵니다. 하지만 현장 노동자들은
자신이 인정하는 수준의 능력이 증명되면 좋은 얘기가 따라와요.
이전의 현장을 인수인계하느라 이번 현장에 2주 늦게 투입됐어요.
우리 정리·세대 팀장이 제가 출근하기 전 작업반장이 여성이라고 미리
이야기를 해뒀는데, 그랬더니 형틀 목수, 철근, 해체팀뿐만 아니라
현장 소장도 '여자가 작업반장을 한다고?'라고 했더라고요.
그래서 우리 팀장이 재차 작업반장이 여성이라고 못 박았습니다.
2주 뒤 제가 현장에 출근하니 '쟤가 그 여자 작업반장이야?' 하면서 수
군거리는 소리가 들렸습니다. 반장들은 진짜 실무하는 사람들이기

때문에 일하는 양이나 모습을 보면 '진짜 일하러 온 거구나'라는 판단을 금방합니다. 제가 일하는 모습을 보고는 다들 빠르게 작업반장으로 인정해주었어요. 그다음부터는 일하기 편해요. 믿고 맡겨주니까. 그래서 저도 믿음을 주기 위해 더 열심히 일합니다. 그래야만 내 팀원들도 눈치 보지 않고 일할 수 있어요.

여자 작업반장에게 향하는 편견이 섞인 시선을 뚫고 인정받기 위해 더 많은 노력을 했을 것 같아요. 고되진 않나요?

힘들어도 재미있습니다. 제가 여성 작업반장이라서 좋은 점도 있어요. 세심하고 꼼꼼한 점이 일하는 데 많은 도움이 됩니다. 팀원들 얼굴 표정만 봐도 전날 저녁에 술을 마셨는지, 현장에서 부상이 있었는지 알 수 있어요. 그리고 무슨 일을 잘하는지 장단점을 꼼꼼하게 살피고 있기 때문에 그것에 맞는 작업량을 적절하게 잘 배치할 수 있습니다. 적재적소에 사람을 배치해줘야 능률이 올라갑니다. 이렇게 일하는 걸 동료들이 보니 저를 더 잘 따라줍니다.

팀원들에게는 어떤 팀장인가요? 나이가 많은 남성 팀원도 있던데 그들을 통솔하는 노하우가 있는지 궁금합니다.

팀원들이 다른 팀에게 '너네 팀장 무서워서 말도 못 걸겠다'는 얘기를 듣는대요. 현장은 위험하니까 안전에 대한 주의를 단호하게 주는 편입니다. 우리가 평일과 토요일까지 주 6일을 일하는데, 토요일에는 술 마셔도 되지만 평일에는 술 마시지 말라고 주의를 줍니다. 동료들이 일하다가 다치면 안 되니까요. 술 마시고 투입돼서 순간의 어지럼증에

©박정연

떨어지거나 찔리는 어이없는 산재사고들이 많은 게 바로 현장입니다. 그러다 보니 소리도 많이 지르고 욕도 하고 거칠게 일하기도 합니다. 근데 그게 저를 위해서가 아니고 현장에서 동료들이랑 안 쫓겨나고 살아남기 위해서예요. 어느 정도 쇼맨십도 보여줘야 합니다. 작업반장이 여성이라는 이유로 다른 공정 팀장이나 현장 소장이 우리 팀을 무시할까봐 더 소리를 지르고 욕했을 수도 있어요. 그 대신 우리 팀원들은 나 이외의 다른 간섭은 없이 편하게 일합니다. 제가 만약 일도 못하고, 제대로 감독도 안 하면 현장 소장이 와서 잔소리 하니까요. 내 현장과 내 팀원들은 제가 지켜야 합니다.

건설현장 특성상 다른 관리직들이 팀원들에게 간섭할 수 있는 상황을 차단하기 위해서라도, 더 단호하게 팀원을 챙기는 모습이 인상 깊습니다. 그러면 원영 씨가 일하면서 가장 힘든 순간은 언제인가요?

일이 힘든 건 없어요. 다만, 이 현장이 끝나면 우리 팀원들하고 다음 현장을 이어서 해야 하는데 이어갈 현장이 없게 되는 경우가 가장 힘듭니다. 건설사들이 현장에서 건설노조를 잘 쓰지 않으려고 합니다. '팀원들이 일을 못 하게 되어 생계에 문제가 생기면 어쩌나' 하는 걱정이 큽니다. "쌀 살 돈 없으면 전화해"라고 웃으면서 이야기하지만, 다들 걱정인데 얘기를 하지 않을 뿐이에요.

윤석열 정부가 '건폭'이라는 프레임으로 건설노조를 압박하는 상황이 현장에 반영된 것 같은데, 정부의 건설노조 탄압은 어떻게 생각하나요?

원래라면 현장에서 일거리가 계속 이어지는데 건설노조 조합원은 그러지 않으니 참 힘듭니다. 대통령이라면 국민을 먼저 생각해주고, 서민을 먼저 생각해줘야 합니다. 그런데 너무 기업 위주의 자본주의로 가니까 안타깝습니다. 우리는 이제 이렇게 흘러가고 말지만, 미래 세대들은 더 힘들어지지 않을까 걱정도 됩니다. 건설노조도 초심을 잃지 않고 더 열심히 해야 합니다. 저도 현장이 바뀌거나 공정이 바뀌면 팀원들한테 초심을 잃지 말라고 합니다. 우리가 아무리 일을 오래 해도 새로 가는 현장은 처음 시작하는 현장이니까 초보자예요. 언제나 다시 시작한다는 마음으로 일하자고 이야기합니다. 자만하는 순간 다치니까요.

차별의 순간도 있었지만 자신의 일을 설명하는 원영 씨의 표정에 생동감이 넘칩니다. 원영 씨를 이렇게 일하게 만들었던 동기는 무엇인가요?

일을 안 하면 처지는 제 천성도 있습니다. 집에만 있으면 게을러져서 일을 시작했죠. 일이 없으면 집에서 잠만 자는데, 일이 있으니 아침에 눈을 뜨고 갈 곳이 있어 뿌듯하고 재미있습니다. 내가 지켜야 할 팀원들도 있고, 일하는 게 힘들지만 재미있어요.

자부심을 느끼는 순간도 있었을 것 같아요.

동료들이 인정해줄 때입니다. '역시 권 팀장이야' '저는 권 팀장님처럼 일 못 해요'라고 동료들이 인정해줄 때 뿌듯합니다. '누군가에게 민폐 끼치지 않고 1인분은 하고 있구나' 하는 생각이 듭니다. 현장마다 자리나 공간을 확보해야 하는 각이 다른데, 안 될 것 같은 공간에 자리를 확보하도록 연구해내면 정말 뿌듯합니다. 그렇게 본을 보이면서 후배들을 가르치는 재미도 있습니다.

원영 씨에게 '일'이란 어떤 의미인가요?

삶이죠. 나를 움직이게 해주는 원동력입니다. 일이 있어야 제가
움직이고, 활동을 하니까 새롭고 재밌습니다.

일터에서 이루고 싶은 목표나 꿈이 있나요?

2030세대 친구들이 들어와서 보람을 느끼는 현장을 만들고 싶습니다.
위험하지 않고 안전하게 일할 수 있다는 것을 가르쳐줄 수 있었으면
좋겠어요. 젊은 친구들이 현장에 와서 자부심을 갖고 일할 수 있는
현장을 물려주고 싶습니다. 형틀 목수나 미장이나 나이 드셔서
정년퇴임 하셔야 할 선배들이 '이런 기술을 물려받을 한국 청년들이
별로 없다'고 아쉬워합니다. 자부심을 지니고 일할 수 있는
2030세대들이 부담 없이 와서 즐겁게 일했으면 좋겠습니다.

**동시대를 살아가는 일하는 사람들에게 해주실
말씀이 있다면요.**

'나답게, 즐겁게 일하자.' 긍정적으로 받아들이면서 나답게 사는 게
가장 중요하지 않나요? 꾸미지 말고 솔직하게, 당당하게 일하면
좋겠습니다.

©박정현

"레미콘 차를 여자가 모는 게 뭐 어떤데요"

레미콘 운전 노동자 정정숙

건설현장은 다양한 팀이 동시다발적으로 일하는 곳이다. 포클레인부터 화물트럭과 지게차까지 자재를 운반하는 다양한 건설 중장비들도 서로 뒤엉킨다. 그중에서도 건설현장마다 빠지지 않고 등장하는 차가 있다. '통'이 빙글빙글 돌아가는 레미콘 차다. 레미콘은 'Ready Mixed Concrete'를 줄여 만든 말로 굳지 않은 상태의 콘크리트를 말한다. 액체 상태의 콘크리트를 유지해야 하기 때문에 레미콘을 운반하는 차의 동그란 적재통은 운반 중에도 빙글빙글 돌아간다. 건설현장에서 형틀 목수가 거푸집을 만들면 그 위에 레미콘 기사가 운반한 콘크리트가 타설되고, 콘크리트가 굳으면 단단한 건물이 세워진다.

　　부산 기장군의 한 건설현장을 찾아 레미콘 기사로 26년째 일하고 있는 정정숙 씨를 만났다.

정숙 씨의 레미콘 차를 타고 현장 두 건을 함께 뛰며 인터뷰를 진행했다. 정숙 씨는 자신의 몸집보다 50배가 족히 넘어 보이는 레미콘 차를 능수능란하게 운전했다. 그는 레미콘 회사로부터 레미콘을 받아 싣고, 타설이 필요한 건설현장으로 레미콘을 운반해 부었다. 레미콘을 붓자마자 레미콘이 흘러내려간 자리에 붙어 굳지 않도록 통로를 긁어냈다. 그러고는 레미콘 회사로 돌아와 적재통을 세척하고, 새로운 레미콘을 받아 또 다른 건설현장으로 향했다.

정숙 씨는 레미콘 운전을 하기 전 부산에서 택시를 몰았다. 배 타는 남편을 만나 아이 셋을 낳은 뒤 아이를 데리고 다닐 때 도움될 것 같다는 막연한 생각으로 택시 운전을 시작했다. 그렇게 4년 동안 밤낮으로 택시 운전을 하면서 부산 지리에 익숙해졌다. 그 뒤 레미콘 운전 노동자로 직업을 바꾼 건 부산 지리에 밝다는 이유 때문만은 아니었다. 그는 "처음엔 이렇게 큰 차를 몰 생각은 하지도 않았어요"라며 1998년도를 회상했다.

상선을 오래 탔던 정숙 씨의 남편은 아이들이 태어나면서 육지에서 할 수 있는 일을 찾았다. 중고 레미콘 차를 4500만 원에 사서 기사 일을 시작했다. 하지만 1997년 12월 외환위기라는 파도가 한반도를 덮쳤다. 당장 건설업이 타격을 입자 레미콘 운전으로 월 300만 원을 벌던 남편의 수입이 3분의 1 토막이 났다. 상선을 탈 때 남편은 '달러'를 받았는데, 달러는 가치가 떨어지지 않는다는 생각에 다시 배에 올랐다. 구매했던 레미콘 차가 골칫거리가 됐다. 다시 중고로 팔려니 4500만 원이던 차 값이 1200만 원으로 떨어졌다. 도무지 그 가격에는 되팔 수가 없었다. 그렇게 정숙 씨는 본인이 레미콘 운전 노동자가 되어야겠다고 마음을 먹었다.

정숙 씨가 레미콘 운전을 배운 거라고는 남편이 배를 타러 가기

전 정숙 씨에게 일주일 연수를 해준 것과 다른 레미콘 기사 동료에게
이틀 정도 연수받은 게 다였다. 출근 첫 날 갔던 백양 터널 공사 현장은
잊을 수 없는 기억이다. 그는 오르막길에서 레미콘 차가 멈출지도
모른다는 생각에 다리를 덜덜 떨면서 운전했다고 당시를 회상했다.
무사히 첫 현장을 다녀온 뒤 안정감 있게 레미콘 차를 운전하기 위해
부단히 노력했다. 하지만 가족들의 반응은 싸늘했다. 여자가 왜
그런 '험한 일'을 하느냐는 것이었다.

> 66 레미콘 기사를 한다고 했을 때 친오빠가 '하이고 가문에 없는
> 중생이다'라고 했어요. 긍정적인 반응을 보이는 사람은 없었습니다.
> 남자가 하는 일을 여자가 왜 하려느냐고 핀잔을 주더라고요. 남편도
> 많이 걱정했습니다. 이제는 저를 인정해주지만 그때는 그렇지
> 않았어요. 하지만 자식들만은 '우리 엄마는 할 수 있어'라고
> 이야기해줬습니다. 아이들에게 저는 대단한 엄마였습니다. '집에 차가
> 없어도 우리를 불편하지 않게 택시 운전을 해준 엄마'였어요.

정숙 씨는 가족들의 부당한 '참견'뿐 아니라 일터에서도
차별을 겪었다. 같은 이유에서였다. 정숙 씨가 여자라서였다.
'남자가 하는 일을 여자가 하면 남자들은 어디 가서 먹고사느냐'는
남성 동료의 황당한 투정도 들어야 했다.

> 66 레미콘을 싣고 건설회사에 가서 조금만 운전 실수를 하면 '여자라서
> 그렇다'는 소리를 숱하게 들었습니다. 또 어느 날에는 '남자가 하는
> 일을 여자가 하면 남자들은 어디 가서 먹고삽니까'라고 말하더라고요.
> 그래서 "(남자들이) 제 하기 나름이지 내 보고 왜 그런 말을 하는데요?"
> 라고 받아쳤습니다. 그럼 나는 어디 가서 일하란 말이에요. 하도

남자들한테 그런 말을 많이 듣다 보니 든 생각이, 어떤 이들은 '여자라서 그렇다'는 말을 하고 제가 주눅 드는지 반응을 보는 것 같다 싶더라고요.

하지만 정숙 씨는 그런 상황에도 주눅 들지 않았다. 마초 문화가 지배적인 이 바닥에서 어떻게 주눅 들지 않을 수 있었냐는 질문에 그는 "아이들이 저를 응원해줬고 이 일을 해야 한다, 하면 된다는 생각밖에 없었습니다. 그냥 자신 있게 살면 된다고 생각했어요" 라고 말했다. 그는 오히려 부당한 상황에 아닌 건 아니라고 말하는 사람이었다. 그렇게 부당한 업계 관행을 바꾼 적도 있었다.

> 66 법인 기사로 일할 때 부산 문현동 한 현장에 들어갔는데 땅이 질어 바퀴가 빠졌어요. 여기 바퀴가 빠져서 못 들어가겠다고 하니까 건설회사의 젊은 직원이 와서 '여자가 운전을 X같이 해서 못 들어가는 거지' 이러더라고요. 제가 그래서 "그럼 니가 한번 해봐라" 하고 차 시동을 끄고 나와버렸습니다. 그 뒤로부터는 현장에서 차가 들어갈 수 있는 데까지만 들어가고 나머지는 포클레인이 와서 레미콘을 받아가는 형식으로 바뀌었습니다.

정숙 씨가 레미콘을 운반하는 과정을 동행하던 중 해운대의 한 현장에서 만난 펌프차 기사가 가파른 경사에서 조심스럽게 운전하는 정숙 씨를 향해 '여자라서 운전을 못 하는구먼? 그렇게 운전할 거면 운전하지 마소'라고 고함을 쳤다. 정숙 씨는 그 펌프기사를 향해 "경사가 이리 가파른데 안전하게 운전해야 하지 않겠나? 사고 나면 책임질 끼가?"라고 언성을 높이며 맞받아쳤다.

정숙 씨는 갑작스레 마주한 갈등 상황에 "할 일을 제대로

©황지현

하는 게 첫 번째고 주눅 들지 말고 아닌 건 아니라고 말해야 합니다"라고 강조했다. 그는 "펌프기사가 비난했던 건 제가 백미러를 보고 후진을 하기 때문에 한 소리를 한 거예요. 하지만 저는 여자 중에서도 체격이 작기 때문에 허리가 짧으니 고개를 돌리거나 머리를 빼면 제 시야에서는 보이지 않습니다. 그런 어려움을 자기가 겪어보지 않으면 모릅니다. 다 자기 개념에 갇혀서 다른 사람의 사정을 모르는 거예요. 그럴 때 제 상황을 알려주면 받아들이는 사람은 받아들여요"라고 말했다. 정숙 씨는 안전 문제에는 특히 엄격하게 행동했다. 안전과 관련된 문제는 자신만의 문제가 아니라고도 말했다.

"일이 정말 억셉니다"라고 말하면서도 웃어 보이며 "'남자 하는 일'이라고 하더라도 여자가 할 수 있으면 좋은 거 아닌가요? 저는 그냥 먹고살아야 하는 일이니까 해야 한다고 생각하고 25년 동안 일을 했는데, 다른 사람들이 인정해주니 자부심을 느낍니다"라고 말했다. 그에게 일터에서의 목표를 묻자 지금 몰고 있는 차가 버텨줄 때까지 일을 하고 싶다고 말했다. "어릴 때는 당돌하다는 소리를 들었는데, 어른이 되고 생활하면서 당당하게 사는 방법을 알게 된 것 같아요. 각자의 자리에서 주눅 들지 말고 당당하게 일했으면 좋겠습니다." 레미콘 차는 자신의 몸과 일심동체나 다름없다던 정숙 씨는 다음 목적지를 향해 레미콘 차만큼이나 큰 핸들을 온몸으로 안아 돌렸다.

본인과 하는 일을 소개해주세요.

부산에서 레미콘 운전 노동자로 일하고 있는 정정숙입니다. 나이는 70세고 일한 지는 26년이 되었습니다. 레미콘 공장에서 레미콘을 받아 차에 싣고 건설현장으로 나르는 일을 하고 있습니다. 건설현장의

❶
무전기로 동료와
소통하는 정숙 씨.

❷
배차시간과 목적지를
적어놓은 수첩.

❸
레미콘 차의 통로를
통해 펌프카로
옮겨지는 레미콘.

❹
레미콘이 타설되는 모습.

©황지현

펌프카에 레미콘을 옮겨주거나, 타설이 필요한 곳에 직접 레미콘을
붓기도 합니다.

**수도권 레미콘 기사의 경우 아침 8시부터 오후 5시까지만
일하는 8.5제를 시행하고 있는데 부산은 어떤가요?
하루 일과가 어떻게 되는지, 보통 하루 몇 건을 뛰는지요.**
부산에도 8.5제가 정착되는 분위기이지만 저는 용차(회사 소속이 아닌
개인사업자로 일당을 받고 운행하는 레미콘 차량)로 일하기 때문에
새벽 3시 30분에 일어나서 아침 운동을 1시간 하고 6시쯤 집에서
나섭니다. 8시까지면 조금 더 여유 있게 준비합니다. 저 같은 경우
'몇 탕'으로 수당을 받지 않고 시간제로 수당을 받습니다.

**레미콘 기사들은 회사에 소속된 법인기사거나, 개인
사업자로 회사와 위탁계약을 맺거나, 물량 변동에 따라
일시적으로 고용하는 용차기사 등으로 나눠지는 것
같습니다. 정숙 씨는 어떤 계약 형태로 일을 하고 있나요?**
용차기사로 일하고 있습니다. 회사에 계약되어 있는 차가 대부분인데
월말이나 물량이 갑자기 많으면 용차를 불러서 하루 물량을
해결합니다. 회사 소유 차거나 회사 소속으로 일한다기보다는 하루
용역으로 저를 쓰는 거죠. 그래서 물량이 몰릴 때 일이 있고, 물량이
없으면 일이 없을 때도 있습니다.

**시간제로 수당을 받는다는 점은 다른 화물차 기사들과
다른 점인 것 같네요. 보통은 '탕' 별로 운반비를 받는다고
하셨는데, 시간제로 임금 계산을 하나요? 운반비로**

얼마 정도를 받으시나요?

회사에 소속된 레미콘 운전 노동자들은 '탕' 별로 정산을 받는데 저는
용차기사라서 4시간을 기준으로 22만 원을 받고 4시간 이후 초과하는
1시간마다 수당이 붙습니다. 하루에 4시간만 일할 때도 있고,
6~7시간을 일할 때도 있습니다. 오늘은 8시간 정도를 일한 것 같아요.
처음 일을 시작할 때는 회사에 소속되어 10년 정도 있었는데,
한 탕에 2만 9000원부터 시작해서 3만 5000원까지 벌고 나와 지금은
용차기사로 일하고 있습니다. 한 달에 보름 정도 일하면 400만 원
정도 법니다.

레미콘 차 할부 값, 차량 정비비, 타이어와 같은 부속 용품, 자동차 보험비 등을 계산하면 순수익은 많지 않을 것 같아요.

레미콘 차량 가격과 생활비를 생각하면 실제로 들어오는 수입은
적은 편입니다. 매달 차 값 할부가 빠져나가고 한 달 생활하면 월
400만 원은 적어요. 요새는 차 값이 비싸서 1년 총 수입이 6000만 원은
넘어야 레미콘 차량 감가상각비를 제외하고 여유가 생깁니다.
월 300~400만 원을 벌어서는 빠듯한 편입니다. 회사에 소속된 차들은
그 정도를 벌 수 있지만, 용차는 일이 들쭉날쭉하기 때문에 그렇게는
못 법니다. 스스로 차를 정비할 줄 아는 사람은 돈이 덜 드는데, 정비하는
사람에게 모든 걸 맡겨야 하는 저 같은 입장은 돈이 더 많이 듭니다.

레미콘 차량 가격은 얼마인가요?

새 차를 사려면 1억 5000만 원이 조금 넘는 듯합니다. 중고는 6000~
7000만 원 정도가 되어야 일하는 데 지장 없는 차를 구할 수 있어요.

레미콘 운전 노동자가 하는 일과 일의 장단점을 좀 더 자세히 설명해주세요.

우리는 현장에서나 사회의 여러 면으로 보나 레미콘 운전 노동자라기보다, 심부름꾼에 가깝습니다. 레미콘 기사가 레미콘 회사에 가서 물량을 받아 건설회사에 배달해주기만 하면 참 쉽고 간단하죠. 하지만 현실은 그렇지 않아요. 예를 들어 레미콘 회사에서 건설현장에서 쓸 용도와 맞지 않는 레미콘을 준 건데, 현장에 가보니 우리의 책임인 것처럼 이야기하는 경우도 있습니다. 건설현장에서 쓰고 남은 레미콘들을 우리가 수거해서 분리 배출해주기도 합니다.

레미콘이 필요해 건설현장에서 우리를 부른 건데 레미콘 차가 크기 때문인지 현장에서 우리를 거추장스러운 존재처럼 대하기도 합니다. 그러다 보니 하루 종일 운전하면 대기 시간에는 좀 땅을 디디고 서 있을 수도 있는 건데 레미콘 기사들은 대부분 그냥 운전석에 타 있거나, 레미콘을 내려줘야 할 때는 차량 뒤편에 올라 타 있기만 합니다. 또한 안전 문제도 있습니다. 용차로 일하는 경우 시간제로 일하니까 안정감 있게 운전할 수 있지만, 회사에 소속되어 일하게 되면 탕 별로 돈을 벌 수 있기 때문에 많이 다니는 게 중요해서 위험하게 운전하는 경우가 있어요.

장점으로는 운전을 하며 다양한 곳을 다닐 수 있다는 점이 있습니다. 이전에 작은 공간에서 옷을 수선하는 일을 한 적이 있었는데, 운전은 바깥 온 군데를 다니며 사계절을 느낄 수 있어요. 특별히 경치 구경을 안 가더라도, 산에 갈 수도 있고 바다에 갈 수도 있습니다. 그래서 봄꽃이 피면 꽃을 보고, 예쁜 구름이 보이면 기분이 좋아집니다.

일주일 정도 운전 연수를 받고 레미콘 기사로 일을 시작한

**건데, 불안한 마음이 앞섰을 것 같아요. 처음 일했던 현장이
기억나시나요?**

백양터널 공사현장이 제 첫 현장입니다. 가는 길이 살짝 오르막길인데
올라가다가 중간에 서면 오도가도 못 합니다. 승용차는 움찔했다가도
가는데 '레미콘 차가 멈추면 어떡하지' 하는 생각에 긴장되고
초조했습니다. 차가 뒤로 밀리면 큰일이니까요. 지금 레미콘 차들은
오토가 되니까 그런 걱정이 없는데, 옛날 레미콘 차들은 사이드
브레이크를 살짝 당기고 출발해야 하는 등 요령들이 필요했습니다.
그 현장을 무사히 다녀왔지만 다리가 덜덜 떨릴 정도로 긴장을
한 기억이 생생합니다. 지금이야 길들이 다 좋아져서 괜찮지만 옛날에
는 비포장도로도 많고 쉽지 않았습니다.

레미콘 운전 노동자로 일하기 전에는 무슨 일을 하셨나요?

중학교를 졸업하고 옷 수선 일을 배워 공장에서 일했고, 수선집에서
일하기도 했습니다. 그러다 남편을 만났고 아이 셋을 낳아 10년 동안
주부로 아이들을 키우다가 택시기사로 일했습니다. 제가 몸이
약했는데 혼자서 아이들 세 명을 데리고 다니기가 너무 힘들었습니다.
친정에 갈 때도 누구 차를 얻어 타다 보니까, 아이들을 데리고
다닐 때도 도움이 되겠다는 막연한 생각으로 택시 운전을 시작했어요.
그렇게 4년 동안 밤낮으로 운전을 하면서 부산 지리에 익숙해진 게
레미콘 운전을 하면서도 도움이 많이 된 것 같아요.

**레미콘 기사는 건설현장도 다니고 차도 커서 택시와는
많이 달랐을 것 같아요. 이 일을 한다고 했을 때 가족들의
반응은 어땠나요?**

©황지현

처음에 친오빠가 '하이고 가문에 없는 중생이다'라고 했습니다. 모두
부정적이었어요. 긍정적인 반응을 보인 사람들은 없었습니다.
남자가 하는 일을 왜 하려고 하냐고 저에게 핀잔을 줬어요. '여자가
왜 그런 힘든 일을 하냐'고 했습니다. 남편도 많이 걱정했어요. 이제는
저를 인정해주지만 그때는 그렇지 않았습니다. 하지만 제 자식들은
"우리 엄마는 할 수 있어"라고 이야기해줬어요. 차도 없이 불편하게
다니다가 택시 운전을 하면서 아이들과 함께 다닌 기억이 남아 있는 듯
했습니다. 아이들에게 저는 대단한 엄마였어요. '집에 차가 없어도
우리를 불편하지 않게 택시 운전을 해준' 엄마였습니다.

레미콘 운전 노동자 중 여성 노동자 수는 얼마나 되나요?
비율이 궁금합니다.

정확한 비율은 모르겠지만 부산에 레미콘 기사들이 1000명 정도
있으면 여자는 두 명 정도밖에 안 됩니다.

여성이 건설현장에 적은 이유가 무엇이라고 생각하시나요?

일보다는 인간관계에 그 이유가 있습니다. 아무래도 남자들이 많은
환경이니 어려움이 있습니다. 일이야 레미콘 공장에서 레미콘을
실어주고 운전을 하는 일이니까요. 일 자체로는 그다지 힘들지 않아요.
하지만 아직도 여성을 무시하는 문화가 남아 있어서 그런 부분이
힘들 거예요.

레미콘 운전 노동자의 경우 화장실은 어떻게 이용하나요?
레미콘 회사나 건설현장에 여자 화장실이 충분하게 있나요?

예전과 다르게, 요즘 건설현장에는 여자 화장실이 대부분 설치되어

있습니다. 그런데 레미콘 회사에서 여자 화장실을 못 쓰는 경우도
있습니다. 회사에 여자 화장실이 있지만 남성 레미콘 기사들이
사용하는 일이 있어서 사무직 직원들이 여자 화장실 자체를
잠가놓으니까, 저 같은 사람은 사용할 수가 없어요. 그래서 회사에서는
남자 화장실을 사용해야 하는 상황입니다.

현장에서 정숙 씨를 부르는 호칭은 무엇인가요?
건설현장에서 일하는 다른 여성분들 중 일부는 '못 아줌마'
'핀 아줌마' 이런 식으로 '자재+아줌마'라고 불리는 것
같더라고요.
'기사님'이나 '사장님'으로도 불리지만 저는 여자가 들을 수 있는
호칭은 '고모' 빼고 다 들어봤습니다. '아줌마' '아지매' '여사님'
'이모' '누나' 등. 남자들이 여자를 부를 때 자기 인격이 드러나는 것
같아요.

정숙 씨의 주간 일정이 불확실해서 인터뷰 일정도 잡기가
힘들었습니다. 이틀 뒤에 일이 있을지 없을지 알 수
없다고 하셨는데, 평소에도 계속 일감이 대중이 없나요?
제가 법인 소속이 아니고 용차기사이기 때문에 그렇습니다. 저녁
6시쯤에 회사에서 내일 할 일을 알려줍니다. 항상 같은 회사에 가는
것도 아니고, 내일 아침 몇 시에 어느 회사로 가라고 알려줘요.
만약 저녁 6시에 문자가 안 오면 내일은 일이 없는 날이에요. 일정이
어찌 될지 모르니 평일에는 약속을 못 잡습니다. 그게 용차기사의
삶입니다. 처음에는 대중이 없어 불안했어요. 어느 정도 세월이
지나다 보니 월초에 일이 없으면 월말에 있고, 월초에 일이 많으면

월말에 일이 없습니다. 한 달에 반은 일하고 반은 논다고 생각하니 마음이 편합니다. 욕심을 부리면 끝이 없어요.

부산 신항의 여성 화물 노동자를 인터뷰한 적이 있습니다. 그분은 처음 일을 시작할 때 여성이라서 일을 구하기 더 힘들었다고 해요. 같은 초보여도 남자를 쓴다는 말을 했어요.

용차 회사나 법인 소속일 때는 제 상사가 저에게도 공정하게 일감을 받을 수 있도록 많이 배려를 해줬습니다. 그래서 그런 어려움은 생각보다 적었어요. 다만, 레미콘을 싣고 건설회사에 가서 조금만 운전 실수를 하면 '여자라서 그렇다'는 소리를 숱하게 들었습니다.

또 어느 날에는 '왜 이런 일을 합니까?'라고 묻기에 "하면 어떤데요?"라고 따졌습니다. 그랬더니 '남자가 하는 일을 여자가 하면 남자들은 어디 가서 먹고 삽니까'라고 말하더라고요. 그래서 "(남자들이) 제 하기 나름이지 내 보고 왜 그런 말을 하는데요?"라고 받아쳤습니다. 그럼 나는 어디 가서 일하란 말이에요. 하도 남자들한테 그런 말을 많이 듣다 보니 든 생각이, 어떤 이들은 '여자라서 그렇다'는 말을 하고 제가 주눅 드는지 반응을 보는 것 같다 싶더라고요.

그런 말에 주눅 드신 적 있나요?

저는 주눅 든다는 느낌을 한 번도 못 느껴본 것 같아요.

어떻게 주눅 들지 않을 수 있었나요? 가족들도 레미콘 기사 일을 하는 것에 부정적이었고, 회사에서도 '여자라서 어떻다'는 소리를 들었는데. 솔직히 불편하고 부당한 참견이었을 텐데요.

제가 엄마라서 그런가. 아이들이 저를 응원해줬고 '이 일을 해야 한다, 하면 된다'는 생각밖에 없었습니다. 그냥 자신 있게 살면 된다고 생각했어요. 더 어려운 이들도 용기를 가지고 사는데, '여자로 사는 게 뭐 어때서 주눅 들겠노' 생각하면서 용기를 얻었던 것 같습니다.

오늘 정숙 씨가 레미콘을 운반하는 과정에 동행하면서 '여자라서 운전을 못한다'고 비난받는 상황을 목격했습니다. 한두 번 겪는 상황이 아니었을 텐데, 그때마다 어떻게 대처하셨나요?

할 일을 제대로 하는 게 첫 번째입니다. 그리고 주눅 들지 말고 아닌 건 아니라고 말해야 합니다. 펌프기사가 저를 비난했던 건 제가 백미러를 보고 후진했기 때문에 한 소리를 한 거예요. 후진할 때 고개를 돌리거나, 창문 밖으로 머리를 빼고 운전을 하는 사람이 있습니다. 하지만 저는 여자 중에서도 체격이 작기 때문에 허리가 짧으니 고개를 돌리거나 머리를 빼면 제 시야에서는 보이지 않아요. 가뜩이나 레미콘 차는 크잖아요. 그래서 저는 앉은 자세에서 양쪽 사이드미러와 룸미러를 통해 최대한 정확하게 후진을 하는 방법을 연구하고 터득했습니다. 허리가 짧아서 직접 보면서 후진하지 못하는 어려움을 극복했어요. 그런데 지금도 저보고 고개를 안 내밀고 운전한다고 한 소리 하는 아저씨가 있습니다. 그럴 때는 제가 제 상황을 이야기해서 알려주는 거예요. 모르는 소리 하지 말라고, 나는 허리가 짧아서 고개를 내밀면 안 보인다고. 그런 어려움을 자기가 겪어보지 않으면 모릅니다. 다 자기 개념에 갇혀서 다른 사람의 사정을 모르는 거죠. 그럴 때 알려주면 받아들이는 사람은 받아들입니다.

**부당한 상황이 오면 저도 '이런 말을 해야지' 하고
머릿속에서 여러 번 시뮬레이션을 해보는데, 막상 그런
상황이 오면 쉽게 입이 안 떨어지더라고요. 할 말을
하는 게 참 쉽지 않은 것 같아요.**

저도 저 한 사람을 여자라고 무시하는 것까지는 받아줄 수 있습니다.
하지만 저로 인해 다른 사람한테까지 피해가 가는 건 용서가 안 됩니다.
법인 기사로 일할 때 부산 문현동 한 현장의 땅이 질어서 레미콘 차
바퀴가 빠졌어요. 여기 바퀴가 빠져서 못 들어가겠다고 하니까
건설회사의 젊은 직원이 와서 '여자가 운전을 X같이 해서 못 들어가는
거지' 이러더라고요. 그 사람은 다른 레미콘 기사들한테도 다 그런
식으로 말하는 걸로 유명한 사람이었습니다. 제가 그래서 "그럼 니가
한번 해봐라" 하고 차 시동을 끄고 나와버렸습니다. 그랬더니
레미콘 영업부에서도 난리가 나고, 건설회사에서도 소란이 일어났어요.
건설회사 직원들이 와서 말실수가 있었다고 기분을 풀라고 하길래
그쪽 현장 바닥에서 바퀴가 빠지니 포클레인이 와서 레미콘을
받아가지 않으면 운전을 안 하겠다고 했습니다. 그래서 바퀴가 빠지는
지점까지 포클레인이 와서 레미콘을 받아갔어요. 그리고 회사로 돌아가
니 다른 기사들이 '아줌마 최고'라고 그러더라고요. 다른 레미콘
기사들도 바퀴가 빠져서 그 직원한테 막말을 들었는데 말 한마디
못하고 왔다고요. 그 뒤로부터는 그 현장에서 차가 들어갈 수 있는 데
까지만 들어가고 나머진 포클레인이 와서 레미콘을 받아가는
형식으로 바뀌었습니다.

정숙 씨는 길을 만드는 분이시군요.

저는 그래요. 저 혼자 불이익은 당하는데, 저로 인해 다른 사람한테까지

피해를 줄 수 없습니다. 그리고 레미콘 기사는 현장에서 사람이
아닙니다. 완전한 '을'로 취급합니다. 지금은 많이 좋아졌지만, 예전은
길이 좁고 오만 장애물이 있는데 결국 욕먹는 건 레미콘 기사였어요.
만만한 게 레미콘 기사라고 할 정도로 상황이 어려웠습니다. 조금
더 안전하게 주차하고 싶어서 시간이 걸리면 운전을 못한다고 욕먹고,
그러다가 사고라도 나면 모든 게 레미콘 기사 책임이 됩니다.
그래서 저는 안전은 확실히 따집니다. 내 안전은 내가 가장 잘 알고,
내가 책임져야 하거든요.

일을 하면서 가장 힘든 점은 무엇인가요?
오늘 펌프기사를 만나 있었던 일처럼 '여자라서 못한다'는 식으로
몇 마디 오고가는 경우가 힘듭니다. 그냥 몇 마디 정도에서 끝나면
그래도 제가 소화를 시키는데, 거기서 저에게 계속 비난할 경우에
사람들끼리 부딪히게 되니 그런 부분이 힘듭니다. 사람이 사람을
이해해주는 마음이 조금 부족해서 그렇죠.

일을 그만두고 싶었던 적도 있나요?
그런 생각은 안 해봤습니다. 내가 체력이 달릴 때는 '언제까지 할 수
있을까' 하는 생각은 해봤지만, 체력을 어느 정도 관리하고부터는
그런 생각은 안 했습니다. 갈등 상황으로 힘들다고 해서 제가 자기네들
때문에 그만둬야 하나요? 그건 아니었습니다.

정숙 씨를 일하게 만들었던 동기는 무엇인가요?
가정에 도움이 되려고 일을 시작했어요. 아이가 셋이 있었고 외벌이로
는 키우기 힘들었습니다. 아이 아빠가 배를 타더라도 10개월은 일하고 2

©황지현

개월은 놀아요. 남편에게 계속 일하라고 할 수도 없는 거고, 2개월 비는 기간이 있으니 내가 좀 나서봐야겠다 싶었습니다. 그러다 보니 여기까지 와서 이렇게 일을 하게 됐어요.

자부심을 느끼는 순간도 있었을 것 같아요.

'남자가 하는 일'이라 하더라도 여자가 할 수 있으면 좋은 거 아닌가요. 그리고 다른 사람들이 제가 하는 일을 인정해주더라고요. 저는 그냥 사람이 먹고살아야 하는 일이니까 해야 한다고 생각하고 26년 동안 일을 했는데, 다른 사람들이 인정해주니 자부심을 느낍니다. 그리고 가정 형편이 쪼들리면 부부가 싸우게 되는데 일을 하고 돈을 벌어서 그런 점들을 극복했습니다. 애들도 다 키워냈고 손주들도 일곱 명이나 됩니다. 지금이 제 인생에서 가장 행복합니다.

정숙 씨에게 레미콘 차는 어떤 의미인가요?

제 몸입니다. 차는 제 몸하고 일심동체라고 생각합니다. 매일 그 차 덕분에 돈도 벌고 안전하게 운전할 수 있다는 사실 자체가 감사합니다.

일터에서 이루고 싶은 목표나 꿈이 있나요?

운전만 하는 사람이 꿈이 있나요. 진급을 하고 싶거나, 돈을 더 벌어야겠다는 생각은 없습니다. 그런 직업도 아니고요. 다만, 차가 버텨줄 때까지 일을 하고 싶습니다. 이 차를 폐차할 때까지는 일을 할 생각입니다. 건강을 유지하면서 하는 데까지 일하고 싶습니다.

동시대를 살아가는 일하는 사람들에게 해주실 말씀이 있다면요.

어릴 때는 당돌하다는 소리를 들었는데, 어른이 되고 생활하면서 당당하게 사는 방법을 알게 된 것 같아요. 각자의 자리에서 주눅 들지 말고 당당하게 일했으면 좋겠습니다.

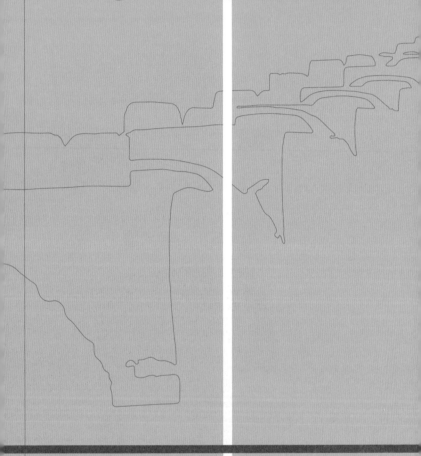

"가장 힘들었을 때요?
동료가 아닌
'여성'으로만 볼 때죠"

철도차량정비원 하현아

©황지현

몸집이 크고 긴 철도는 여러 노동의 집약체다. 철도를 운전하는 기관사. 역사를 운영하는 역무원. 열차의 연결과 분리 업무를 담당하는 수송원. 그리고 열차의 정비를 담당하는 정비원. 이들을 비롯해 많은 이의 노동이 필요하다. 특히 큰 철도를 정비하기 위해서는 힘과 기술이 필수적이다.

　　　수색역 인근에 있는 한국철도공사 이하 코레일 서울차량 차고지를 찾아 21년 동안 철도차량정비원으로 근무한 여성 노동자 하현아 씨를 만났다. 현아 씨는 자신의 키에 두 배나 되는 기차가 서 있는 차고지를 일터라고 소개했다. 서울차량사업소에서 철도 정비를 담당하는 180여 명 중 여성 정비 노동자는 일곱 명에 불과했다.

©황지현

우연한 계기로 철도 정비 업무를 시작하게 된 그는 거대한 기차를
정비하기 위해 온몸의 무게를 실어가며 일을 했다고 했다.
현아 씨는 "온몸으로 달라붙어서 일했습니다. 팔 힘으로는 부족한
부분이 있어서 몸의 무게로 힘을 실어서 하다 보니, 정말 머리끝부터
발끝까지 기차의 먼지와 기름에 범벅이 된 적도 있었어요"라고 말했다.

　　온몸을 써도 힘에 부치는 상황보다 힘들었던 것은 심리적인
압박감이었다. 현아 씨는 처음 일을 시작하고 몇 년간 매일 긴장하며
출근했다. "제가 1인분을 다하지 못하는 듯해 자괴감이 드는 게
가장 힘들었습니다. 어떤 남성 동료는 배려해준다고 제가 해야
할 일조차 도맡아서 다 해주는 경우도 있었어요. 동료는 선의로
도와주었지만, 그럴 때 저는 할 수 있는 일조차도 못하는 사람처럼
보이는 듯해 자괴감이 들었습니다"라고 회상했다.

> **❝** 저를 함께 일하는 동등한 동료가 아닌, '여성'으로만 보는 것 같아서
> 힘들었습니다. 제가 할 수 있는 일이고 부딪히면서 해봐야 더 잘할
> 수 있는 일인데, 저를 배려해준다는 이유로 제 일까지 다 하는 게 참
> 싫었습니다.

　　이를 극복하기 위해 현아 씨는 근력 운동을 했고, 더 많은
업무에 '덤비듯' 뛰어들었다. 그렇게 일하다 보니, 정비 일은 힘으로만
되는 것이 아님을 깨달았다. 현아 씨는 "일을 해보니 근력도
중요하지만 요령, 일 머리가 있어야 하더라고요. 그러다 보니 힘을
쓰지 않아도 될 때가 있어요. 어떤 날은 힘들고, 못할 수도 있는 건데
그게 '여자이기 때문'이라는 꼬리표가 될까봐 두려웠습니다"라고
털어놨다.

> 미숙하거나 잘 못하는 일에 '여성'이라는 꼬리표가 붙지 않도록
> 더 오버해서 일을 했던 것 같아요. 남성들은 전혀 의식하지 않는
> 부분인데, 저는 출근하면서부터 걱정하기도 하고 내면적으로 나를 더
> 다그쳤습니다. 그래서 여기저기 많이 아팠던 것 같아요.

남초 직군인 동시에 도제식으로 일을 배우는 철도 정비 분야의
남성중심적 문화에 살아남기 위해 다른 남성들처럼 선배를 '형'이라고
불렀다. 또, 부당하고 차별적인 상황에는 목소리를 내지 못하고 참기만
했던 시절도 있었다고 했다.

> 과거에는 성희롱이라든지 성적 불쾌감을 불러일으키는 언동이
> 잦았습니다. 그리고 여성은 항상 웃고 있어야 하고 작업장의 분위기를
> 밝게 띄워야 하는 '분위기 메이커'로서의 역할도 주어졌어요. 워낙
> 남성이 많고 과거에 남성중심적 문화가 있었기 때문에 직접적인
> 성희롱도 꽤 많았을 거예요.

남성이 다수인 조직 문화에서 홀로 여성이었던 현아 씨는
불쾌한 상황이 있을 때 '갑분싸(갑자기 분위기 싸해지는 상황의 줄임말)'를
만들기 싫어 웃어넘겼다. 그는 "상대에게 불쾌함을 표시해보기도
했습니다. 그러면 자기들끼리만 담배 피우러 나가고, 휴게실에서
얘기도 안 하고 정말 '왕따'가 된 적도 있었어요. 이제는 시간이
지나고 제가 경력이 쌓이면서 불쾌감도 적극적으로 표시할 수 있게
되었습니다"라고 말했다.
　　현아 씨는 노동조합으로 인해 조직에 뿌리내렸던 남성중심적인
문화가 변했다고 말했다. 그는 "사업소도 마찬가지고 회사로서도
성인지 교육이나 노조 차원의 교육이 많아지면서 조직 문화 전체의

감수성이 달라졌습니다. 노조는 남성중심적인 문화에서도 여성이
살아남을 수 있도록 함께 싸워줬어요. 그러면서 남성들도 행동이나
말에 대해 조심하기 시작했습니다"라고 말했다.

> 66 조직 차원에서 하지 말아야 할 것들을 경계하는 분위기가
> 만들어졌습니다. 먼저 무례한 것, 하지 말아야 하는 것들을 공유하고
> 다음 단계에서는 어떤 대화가 오고갈 수 있는지 익혀갔던 것 같아요.

평등한 일터가 되기 위해 현아 씨는 더 많은 여성의 존재가
필요하다고 강조했다. 그는 "여성들이 파편화되지 말고 연대해서
함께 목소리를 내어야 합니다. 자기 주장을 좀 더 많이 하고 행복했으면
좋겠습니다. 여성들이 곳곳에서 계속 일을 하면서 생존했으면
좋겠어요"라고 힘주어 말했다.

본인과 하는 일을 소개해주세요.

코레일 서울 차량 사업소에서 21년째 차량정비 업무를 하고 있는
하현아입니다. 입사는 2003년도에 했고 지금은 ITX 새마을, 무궁화호
열차를 정비하고 있습니다.

하루 일과가 어떻게 되나요?

4조 2교대로 교대근무를 하고 있어서 4일 주기로 주간, 야간, 비번,
휴일 이렇게 업무를 하고 있습니다. 기차가 입·출고되는 시간표에
맞춰 하루 일과가 돌아갑니다. 기차가 출고될 때는 기관사와 합을
맞춰 기차 운영에 문제가 없는지 제동 시험을 합니다. 입고된 열차들에
는 열차의 정비를 요청하는 내용을 확인해서 정비를 합니다. 또 3개월,

6개월마다 등 일정 기간마다 열차를 정기적으로 수선을 하기도 합니다. 야간으로 근무하는 날은 저녁 6시 30분에 출근해서 다음 날 오전 9시 10분에 퇴근합니다.

철도 정비를 시작하게 된 계기가 있나요?

사실 특별한 계기는 없습니다(웃음). 2003년도에 공기업 시험을 본 거예요. 역무는 하늘의 별 따기처럼 어렵다고 해서 정비로 들어오게 됐습니다.

철도 정비를 하는 여성 노동자 수는 얼마나 되나요? 비율이 궁금합니다.

우리 사업소의 경우 무궁화호와 ITX 새마을호 등의 정비를 담당하고 있고, 직원 수는 180명 정도인데 여자는 일곱 명 정도 됩니다. 최근에는 정비 쪽에 젊은 여성들도 두 명 들어왔습니다. KTX가 개통하기 전까지는 훨씬 많았는데 무궁화호의 비율이 줄고 KTX 차량이 늘어나면서 직원 수가 줄었습니다.

여성 비율이 아주 낮네요. 관리직급에는 여성이 얼마나 분포해 있나요?

저희는 관리직급에 여성이 없습니다. 현장에 있는 게 더 편하기도 합니다. 하지만 저랑 동기인 남성에게는 관련한 진급 혹은 교육기회를 제안하는 관리직이 있지만 제게는 제안하지 않더라고요.

사업소를 둘러보니 열차가 크고 다양하던데 일하면서 고충은 없었나요?

기본적으로 교대근무이기 때문에 생활패턴이 불규칙합니다. 중량물을 취급하니 근력이나 힘에 부치죠. 무거운 장비를 취급할 때는 특히 힘에 부쳤습니다. 우리 사무소는 공동체 의식이 강해서 도움을 요청하면 도와주지 않는 직원은 없지만, 처음에는 도움을 요청하는 것조차 힘들어요. 제가 1인분을 못하는 것 같은 자괴감이 드는 게 가장 힘들었습니다. 어떤 남성 동료는 저를 배려해준다고 제가 해야 할 일조차 도맡아서 다 해주는 경우도 있었습니다. 동료는 선의로 도와주었지만, 저는 그럴 때 할 수 있는 일조차도 못 하는 사람처럼 보일까봐 자괴감이 들었습니다. 처음에 그게 너무 컸습니다.

지금은 경력도 어느 정도 차고 지난 일이니 편하게 말하지만, 처음에는 회사에서 내 몫을 못할까봐 출근하면서부터 긴장했어요. 한번은 이런 일도 있었습니다. 야간작업 중에 열차 칸끼리 붙이고 떼는 작업을 '입환 작업'이라고 하는데, 어떤 날에는 혼자 하게 되기도 합니다. 그래서 제가 이쪽의 입환을 못 하면 다른 동료가 또 와야 하니까, 그렇게 안 하려고 온몸으로 달라붙어서 무게를 실어서 옮겼어요. 팔 힘으로는 부족한 부분이 있어서 몸 무게로 힘을 실어서 하다 보니, 정말 머리끝부터 발끝까지 기차의 먼지와 기름에 범벅이 된 적도 있었습니다. 그렇게라도 해야지만 버틸 수 있었어요.

힘에서 한계를 마주하셨다니, 참 막막했을 것 같아요.

그래서 웨이트 운동도 했습니다. 여기서는 팔 근육을 키워야 한다는 얘기를 일상적으로 합니다. 팔을 보면서 '그렇게 해서 되겠어?' 라고들 합니다. 그래서 젊은 여성 동료들도 열심히 운동합니다. 그렇지만 일을 해보니 근력도 중요하지만 일 머리가 있어야 하더라고요. 힘으로 하지 않아도 될 때가 있습니다. 시간이 지나면 익는 것

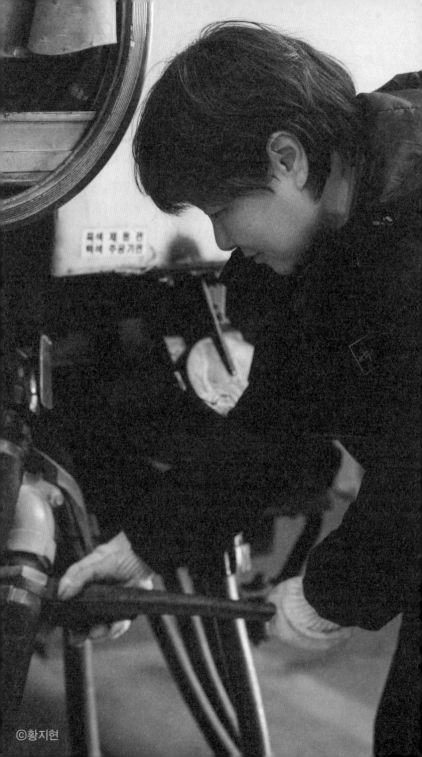

같아요. 지금은 제법 괜찮게 하고 있는 듯합니다.

그리고 쉽지 않겠지만 혼자 하기 힘들 땐 당당하게 동료 직원들에게
도움을 요청했으면 좋겠습니다. 저에게 도움을 줬던 다른 동료의
이야기를 들어보니, 오히려 열심히 하려는 모습을 보면 더 돕고 싶다고
하더라고요. 꼭 정비 일이 아니더라도, 일을 하다 보면 잘하는 사람이
있고 못하는 사람이 있지 않나요? 비슷하다고 생각하면 됩니다. 일을
못해도 열심히 하면 도와주고 싶은 마음이 드는 것 같아요.

**정비를 담당하는 직원 수는 180명인데 그중 여성은
일곱 명밖에 안 된다고 하셨어요. 일터에서 만난 남성중심적
문화라든지, 여성에 대한 편견과 차별이 있었나요?**

일단 철도 장비 규격도 표준 남성에 맞춰져 있어서 여성이 다루기
어려운 점이 있었습니다. 또한 여성에 대한 선입견도 있었던 것 같아요.
지금은 조직문화가 많이 바뀌었지만, 과거에는 성희롱이라든지
성적 불쾌감을 불러일으키는 언동이 잦았습니다. 제가 그중에서도
가장 싫었던 건 제 일인데도 불구하고 제가 여자라는 이유로 저보다
앞서서 다 해주는 것이었습니다. 제가 할 수 있는 일이고, 부딪히면서
해봐야 더 잘할 수 있는 건데 저를 배려한다는 이유로 제 일까지 다
하는 거죠. '내가 일 다 해놨으니까 너는 그냥 와서 쉬기만 해'라고 하는
경우도 있었습니다. 좋은 분들이죠. 의도가 선하고 저를 편하게
해주려는 것이지만 저는 오히려 불편하고 싫었어요. 왜냐하면 저를
같이 일하는 동등한 동료가 아닌, '여성'으로만 보는 것 같아서요.
그래서 힘들었습니다.

무례하거나 차별적인 상황에서 나를 지키면서도 계속

일할 수 있는 방법을 찾는 게 참 힘든 것 같아요. 현아 씨는 어떻게 대처하셨나요?

솔직히 처음에는 어떻게 대처해야 할지를 몰라서, 웃어넘겼습니다. '갑분싸' 만들기 싫었던 것 같아요. 불쾌함을 표시해보기도 했어요. 그러면 자기들끼리만 담배 피우러 나가고, 휴게실에서 얘기도 안 하고 정말 '왕따'가 된 적도 있었죠. 특히 옛날 선배들은 더 아저씨 같은 분들이 많아서 이상한 농담도 많이 하고. 그때는 진짜 참고 넘겼던 것 같아요. 이제는 시간이 지나고 제가 경력이 쌓이면서 적극적으로 불쾌감도 표시할 수 있게 되었습니다. 사실 저는 노동조합이 되게 중요하다고 생각합니다. 사업소도 마찬가지고 회사로서도 성인지 교육이나 노조 차원의 교육이 많아지면서 조직 문화 전체의 감수성이 달라졌습니다.

노조의 성인지 교육으로 일터의 분위기가 어떻게 바뀌었나요?

행동이나 말에 대해서 조심하기 시작했습니다. 무례한 것, 하지 말아야 하는 것들을 공유하고 다음 단계에서는 어떤 대화가 오고갈 수 있는지 익혀갔던 것 같아요. 그리고 저는 후배들에게도 불쾌한 상황에서 자신의 의견을 솔직하게 이야기하라고 합니다. 한 후배가 저에게 "여자가 왜 그렇게 걸어? 조신하게 걸어야지"라고 어떤 선배가 말했다면서 기분이 나빴다고 이야기하더라고요. 그래서 그 선배를 불러서 따로 후배의 의사를 전달했고, 그분도 그제야 아차 싶었다며, 사과를 했습니다. 간접적이라도 표현을 해서 사과를 받고 시정되는 경험을 통해 자신의 불쾌감을 표현할 수 있는 '조금은 안전한 환경'이라는 걸 알게 되는 것 같아요. 남성중심적 문화에 있던 남성들도 여성

직원들을 '여성'이 아닌 동등한 직원으로 인식하면서 할 말과
안 할 말을 가리는 훈련도 하게 되는 거죠. 그리고 일을 하다 보니
차별적인 상황이나 발언이 있을 때 '드세다'는 낙인이 찍히더라도
그때그때 불쾌감을 표현하는 게 훨씬 나은 것 같습니다. 그런 상황이
없다면 가장 좋겠지만요.

노조가 구체적으로 어떤 역할을 했다고 생각하나요?

남성중심적인 문화에서도 여성이 살아남을 수 있도록 함께
싸워줬습니다. 지금은 조합에 여성국이 있습니다. 저도 여성위원회로
활동을 같이 했었습니다. 과거에는 성 고충 심의위원회에 신고를
하는 일이 거의 없었습니다. 여자들이 자기 주장을 많이 하지 않았을
때였죠. 하지만 지금은 신고가 많이 들어오기도 하고, 가해자들이
징계를 받습니다. 이 과정에서 노동조합이 피해자를 적극적으로
조력합니다. 피해자를 만나서 구제하고, 가해자와 격리시킬 수 있도록
의견을 냅니다.

다른 동료들을 부를 때 '형'이라고 부르시던데 왜 그렇게 부르는지 여쭤봐도 되나요?

아 그런 모습까지 보셨군요. 글쎄요. 일종의 '생존방식' 같은 거예요.
저희 같은 경우 정비 업무를 배우는 과정이 도제식입니다.
업무를 익히려면 선배들과 유대가 있어야 하고 남자들이 많은
일터다 보니 '선배'라고 부르기보다는 '형' '형님' 이렇게 부르는 게
일상이었습니다.

공감이 됩니다. 한국 사회에서 '오빠'라는 호칭이 갖는

성애적 맥락 때문에 일터에서는 더욱 그렇게 호칭하지 못하는 것 같아요. 나를 '여성'으로만 볼 것 같다는 걱정도 들고요.

그렇죠. 일터에서 남성 동료를 '오빠'라고 부르는 건 상상도 안 해봤고 절대 안 씁니다. 그래서 살아남으려고 자연스럽게 저도 '형'이라고 불렀던 것 같아요. 이야기를 나누다 보니 이 남성중심의 호칭 문화를 어떻게 다르게 해볼지 생각조차도 못 했던 것 같네요.

남성중심의 문화에서 살아남기 위해 남성을 흉내 내는 방식을 차용한 것 같아요. 그 견고한 문화를 어떻게 돌파할지 개인으로서는 참 어려운 문제 같습니다.

부끄럽지만 그런 것 같습니다. 일을 시작할 때부터 '형'이라고 불렀고, 그렇게 해야만 나를 어떤 보호해야 할 대상이나, 성적인 대상으로 보지 않으니까요. 저도 오히려 더 '남성적'이라고 생각되는 행동을 했던 것 같아요. 어떤 어려운 일이 있어도 씩씩한 척을 더 많이 했고, 눈물겹게 힘든 일이 있어도 절대로 눈물을 흘리지 않았어요.

여성들이 남성중심적인 일터에서 인정받기 위해 그런 규율을 내면화하는 것 같기도 합니다.

맞아요. 내부적으로 저를 계속 다그치고 일부러 더 일에 적극적으로 덤볐습니다. 미숙하거나 못하는 일에 '여성'이라는 꼬리표가 붙지 않도록 더 오버해서 일을 했던 것 같아요. 남성들은 전혀 의식하지 않는 부분들을 출근하면서부터 걱정하기도 하고, 내면적으로 저를 더 다그쳤습니다. 그래서 여기저기 많이 아팠던 것 같아요. 공구 자체가 무겁다 보니 후배들도 보면 손목터널증후군은 물론이고 몸이 '너덜너덜해진다'고 표현하는데, 저는 이를 내색하진 않습니다.

오히려 더 강하게 보여야 하니까요.

힘들진 않았나요?

많이 힘들었습니다. 강한 척하고 살아야 해서 그런 게 몸에 밴 것
같습니다. 일을 잘하는 것처럼, 내가 이 일을 다 완수해낼 수 있는
사람인 것처럼 항상 씩씩한 모습까지 보여야 하니 힘들었습니다.
어떤 날은 힘이 들고, 못할 수도 있는 건데 그게 '여자이기 때문에'라는
꼬리표가 될까봐 두려웠습니다.

**서울교통공사에서 발생한 신당역 살인사건은
같은 철도노동자의 입장에서 어떻게 보셨나요?**

저희도 코레일 자회사에 역무 외주를 준 역의 역무원이 화장실에서
불법촬영을 했던 사건이 보도된 적이 있었습니다. 그때 이런
성범죄에 대한 경각심을 불러일으켰어요. 신당역 사건에서 놀라웠던
건 그 여성 노동자의 동선이 노출되었다는 점입니다. 그리고 순찰을
혼자 하는데, 서울교통공사뿐 아니라 저희도 그렇게 하고 있습니다.
사람이 없어서 밤이든 낮이든 너무 당연하게 혼자서 하고 있죠.
스토킹 살해범이 마음만 먹으면 동선을 확인해서 언제든지 범행을
저지를 수 있는 일이었어요. 이 사건은 서울교통공사뿐 아니라
저희한테도 일어날 수 있는 일이라고 생각했습니다.

**치열하게 21년 동안 한 분야에서 일을 하셨습니다.
자부심을 느끼는 순간은 언제인가요?**

이렇게 남성들 틈에서 살아남아 계속 정비를 하는 것 자체로 자부심을
느낍니다. 저는 철도 자체가 좋아요. 서민들의 발이라고 알려진

새마을호를 정비하는 것도 좋고, 우리나라에서 철도라는 운송수단이 지니는 공공성도 자랑스럽습니다. 좀 아날로그적이긴 하지만, 낭만적인 생각을 가진 사람들 속에서 일하는 것도 좋고 뿌듯합니다.

일터에서 이루고 싶은 목표나 꿈이 있나요?

일단 지금은 건강하게 정년까지 일을 마치는 것이 가장 큰 목표입니다.

철도정비 현장은 여성들과 함께 일할 수 있는 평등한 일터라고 생각하시나요?

저는 21년을 일해서 일터가 편하고 익숙하지만, 평등하다고 생각하지는 않습니다. 주어지는 기회도 다릅니다. 예를 들어 관리장 시험을 볼 수 있는 조건이 충족되었을 때, 남성에게 더 그 시험을 보라고 추천을 합니다. 여성들에게는 한번 해보라고 권하지 않습니다. 저도 그런 조건을 갖췄지만 저에게도 그런 권유를 한 번도 한 적이 없어요. 그런데 제 또래의 동기나 같은 나이의 남자 동료들에게는 권유합니다. 저는 사실 관리직을 하고 싶진 않지만, 회사에서는 제가 관리직을 하고 싶지 않다는 걸 모르잖아요. 그리고 이미 보이지 않나요? 여성 임원의 수, 여성 관리직의 수가 참 적습니다.

평등한 일터가 되기 위해서는 어떻게 해야 한다고 생각하나요?

더 많은 여성의 존재가 필요합니다. 그리고 여성들이 개별화하지 말고 연대해서 함께 목소리를 내어야 합니다. 개인으로서의 여성은 고립되거나, 초년생의 저처럼 차별 속에서 버티게 됩니다. 연대의 힘으로, 함께 목소리를 내야 합니다.

©황지현

동시대를 살아가는 일하는 여성들에게 해주실 말씀이 있다면요?

우리나라는 아직도 멀었습니다(웃음). 여성들이 자기 주장을 좀 더 많이 하고 행복했으면 좋겠어요. 목소리를 내지 않으면 알아주지 않고, 먼저 해주는 건 아무것도 없습니다. 제가 그렇게 살아와서 그럴 수도 있어요. 서로 만나서 이런 이야기를 많이 하고 하나라도 작은 실천을 해야지만 조금 평등한 세상을 만들 수 있습니다.

그런데 이런 제안조차 벅찬 여성들도 있을 것 같아요. 얼마 전 고교 현장 실습생의 죽음을 그린 영화 〈다음 소희〉를 보았습니다. 그나마 저는 정규직이고, 공기업의 직원이고, 노조도 있고, 누군가 볼 때는 배부른 상황일지도 모릅니다. 비정규직에 젊은 여성이라면 그들이 받는 차별에 쉽사리 목소리를 낼 수 있을까요? 목소리를 내라고 하지만, 그것도 어떻게 보면 제 위치가 가진 기득권 속에서 할 수 있는 일일지 모릅니다. 그냥 여성들이 곳곳에서 계속 일을 하면서 생존했으면 좋겠습니다.

©황지현

"'공순이'라 불렸던 나, 이제는 베테랑 공장 노동자"

자동차 시트 제조 공장 노동자 황점순

©박정연

자동차 하나를 완성하기 위해서는 3만여 개의 부품이 필요하다. 그만큼 다양한 공정이 필연적일 수밖에 없다. 그중에서도 자동차 시트를 만들기 위해서는 골격이 되는 프레임을 설계하고. 그 위에 덧대는 폼 패드를 성형한 뒤 쿠션과 커버 레버와 같은 부품들을 조립하는 등 많은 공정을 거친다. 대부분의 공정이 기술의 발전으로 자동화했지만 여전히 사람의 손이 필요한 공정이 있다.

　자동차 시트를 움직이는 레일과 같은 부품을 도색하는 라인이 그렇다. 색을 입히는 작업 자체는 기계화했지만 도색할 부품을 라인에 올리고 불량 여부를 판별하는 과정에는 여전히 사람의 손이 필요하다. 경북 경주에 위치한 자동차 시트 기업 '다스 DAS'를 찾아 25년째 현장에서 일하고 있는 황점순 씨를 만났다.

©박정연

점순 씨는 경북 봉화에서 7녀 1남 중 다섯째로 태어났다. 점숙이, 점남이, 점옥이, 점순이, 점희. 첫째부터 일곱째까지 '점' 자 돌림인 자매들을 지나 여덟 번째 동생이 태어났다. 남동생이었다. 남동생은 일곱 자매의 '점' 자 돌림을 따르지 않은 멋진 이름을 갖게 됐다. 그게 서운해 엄마에게 '왜 예쁜 딸을 낳아놓고 이름을 '점순이'로 지었냐'고 물은 적도 있었다.

중학교를 막 졸업한 점순 씨는 어려운 집안 살림에 보탬이 되고 싶어 고등학교 진학 대신 취직을 선택했다. 하지만 배움을 이어가고 싶은 마음은 어찌할 방도가 없었다. 그는 낮에는 일하고 밤에는 고등학교에 다닐 수 있다는 말에 고향인 봉화를 떠나 김해에 있는 한일합섬방직공장에 입사했다. 한일합섬은 국내기업최초로 직원들을 위한 부설학교를 공장과 함께 설립했다. 배움에 목말라 있던 여성 노동자들은 그곳으로 향했다. 그때 점순 씨의 나이는 18세였다. 점순 씨는 낮에는 일하고 밤에는 공부했다. 하루 12시간이 넘게 미싱을 돌리기도 했다. 잠을 자지 못해 얼굴이 노랗게 떴다. 그렇게 번 돈은 봉화에 있는 가족 살림에 보태거나 막내 동생의 공부 뒷바라지에 쓰였다. 남동생은 점순 씨 가족에서 대학에 간 유일한 형제였다. 점순 씨는 당시 한국 산업의 발전을 이끈 산업역군이었지만 세상이 그를 부르는 호칭은 '공순이'였다.

66 그땐 딸들한테 투자를 잘 안 했어요. 한일합섬에 온 여자애들이 다 배우려고 왔기 때문에 일하면서 배울 수 있다는 생각에 크게 힘들다는 걸 몰랐던 것 같아요. 제가 있을 때만 해도 관리직급은 다 남성이었지만 여자 사원이 3000명이나 됐습니다. 그리고 우리 보고 그랬어요. '공순이'라고. 일하느라, 공부하느라 잠을 거의

못 자다시피 했지만, 그게 힘들다는 생각은 하지 않았습니다.
사는 게 다 그렇지 않나요?

6년 동안 한일합섬에서 일하면서 고등학교 졸업장을 딴 점순 씨는 엄마가 소개한 고향 남자와 결혼하면서 경주에 정착하게 됐다. 아이 둘을 낳은 그는 "먹고살기 위해 안 해본 게 없었어요. 보험도 팔아봤고, 식당에서 서빙도 해봤고, 포터트럭에 과일장사도 해봤고, 붕어빵 장사도 했습니다. 제가 장사를 해보니 안정된 수입이 있어야 아이들을 키우겠더라고요"라며 지인의 소개로 지금 다스의 전신인 '대부기공'에 입사하게 됐다고 했다.

두 아이의 엄마가 되어 들어간 공장의 분위기는 이전과 사뭇 달랐다. 어릴 적 공장에서처럼 일은 똑같이 힘들었지만 왠지 처량한 시선이 점순 씨 뒤를 따라왔다. 그는 "경상도에 '남자우월사상'이 있다 보니까 처음 들어왔을 때는 여자라고 저를 좀 깔보는 경향이 있었어요. 가정 있는 여성이 직장에 출근하면 먹고살기 어려워서 나온 것처럼 생각하고, 남자는 집안의 가장이라고 치켜세워주고 자랑스럽게 돈을 벌었습니다. 저도 우리 집 가장이었는데 공장 분위기가 여성들을 좀 무시하는 느낌이 있었습니다"라고 회상했다.

아이를 키우며 12시간 주야 맞교대를 하는 게 보통 일이 아니었다. 다스는 현재 8시간 2교대로 돌아가지만, 당시 대부기공은 아침 7시부터 일을 시작하면 저녁 7시까지, 저녁 7시에 일을 시작하면 아침 7시까지 12시간 동안 일한 뒤 맞교대해야 했다. 철야까지 있는 날에는 하루를 뜬눈으로 꼬박 새고 36시간 동안 일하기도 했다. 그는 "지금 생각해보면 '깡다구'로 버텼습니다. 밤에 일할 때는 모르는데 아침 근무할 때는 몽롱해서 밥을 먹으러 가기 힘들

정도였어요"라고 말했다.

관리직인 '반장'의 권력이 세서 비위를 맞춰야 하는 것도
어려운 점 중 하나였다. 점순 씨는 반장의 권력이 '신격화되었다'고
표현하기도 했다. "일요일 특근을 못 한다고 하거나, 술 먹자고
하는데 안 간다고 하면 '니 대가리가 몇 개고'라고 말했습니다. 반장이
근무 조를 편성하니까 순번대로 공평하게 돌아가는 게 아니라
어떤 때는 자기 마음에 드는 사람에게만 잔업을 더 주고 그랬죠."
그러다가 금속노조가 들어오면서 '조 반장 평가제'가 도입됐다.
점순 씨는 "직접 반장을 평가해서 장으로 적합하지 않은 평가가 나온
세 명 정도가 자격미달로 떨어졌어요. 그때부터 사내 분위기가 많이
바뀌고 반장들도 권위를 내려놨습니다"라고 말했다.

점순 씨는 24년 전인 자신의 입사 날짜를 한 치의 망설임도
없이 말할 정도로 또렷하게 기억하고 있었다. 그는 "그래도 그때는
힘든 줄 모르고 일했습니다. 일을 할 수 있다는 것 자체가 즐거웠어요.
집안이 어려워서 일을 시작하긴 했습니다. 그러다 직장에 오래 나오니
까 점점 내 인생에 대한 자신감이 생겼어요. 그리고 일하면서 좋은
동료들을 만났습니다. 그들과 탈의실에서 잠깐 서로 사는 이야기하는
게 제 인생에 생기를 불어넣어줬어요. 저는 출근하는 것 자체가 좋고,
출근할 곳이 있다는 게 좋아요"라고 말했다.

이제 베테랑이 된 점순 씨는 자신의 라인에서는 불량이
나오지 않는다고 자신감 있게 말했다. 그는 "부품을 마구잡이로
거는 것 같아 보여도 일정 규격과 간격을 잘 맞춰 걸어야 낙하물이
없습니다. 저는 그 규격을 잘 맞춰서 불량이 발생하지 않아요.
그게 제 노하우예요"라며 자부심을 드러냈다. 정년까지 2년이 남은
그에게 일터에서 이루고 싶은 목표를 묻자 "동료들에게 좋은 동료로

❶
점순 씨는 노동을 하기
전 세 겹의 장갑을 낀다.

❷
토시를 착용하는
점순 씨.

❸
부품에 기름이 묻어
있어 꼭 앞치마를
착용한다.

©박정연

©박정연

남고 싶습니다"라며 웃어 보였다.

본인과 하는 일에 대해 소개 부탁드립니다.

이름은 황점순이고 1965년생입니다. 만으로 59세죠. 2000년 3월
23일 다스에 입사했습니다. 현재 25년 차로 도장팀에서 일하고
있습니다. 우리 공장은 자동차 시트 완제품을 만들거나 시트에
들어가는 부품을 생산합니다. 자동화된 공장이기 때문에 생산된 부품에
기계가 색을 입혀줍니다. 프레스에서 찍혀 나온 자동차 부품들에
도색 작업을 해주기 위해 컨베이어벨트에 부품을 일일이 걸어줍니다.
기계가 부품에 색깔을 입혀주면 그 부품들을 다시 빼서 옮기는 일을
하고 있습니다.

황점순 씨의 성함을 들으니 저희 어머니 성함이 생각납니다.
저희 어머니도 자매끼리 '숙'으로 돌림자를 씁니다.

우리는 '점' 자 돌림이에요. 딱히 뜻이 있는 게 아니라 딸이 많다
보니까 이름을 그렇게 지은 것 같아요. 점숙이, 점남이, 점옥이, 점순이,
점희. 딸이 일곱입니다. 엄마한테 왜 예쁜 딸을 낳아놓고 이름을
점순이로 지었냐고 물으니 '점순이가 안 이쁘드나' 이러셨어요.
옛날이니까 딸이 여럿이라 돌림자로 이름을 붙인 거죠. 저는 7녀 1남 중
다섯째인데, 막내가 아들입니다. 막냇동생은 '점' 자 돌림이 아닙니다.

공장은 보통 교대근무로 돌아가는데, 이곳도 교대
근무인가요? 하루 일과가 어떻게 되나요?

주간 2교대로 8시간 근무하고 있습니다. 2시간마다 공정을
순환해서 하루 1만 개에 가까운 부품을 컨베이어벨트에 걸고 내리는

작업을 합니다. 아침 조로 출근하면 아침 7시부터 오후 3시 40분까지 근무합니다. 아침 조일 때는 오전 5시 50분에 집을 나서죠. 저녁 조는 오후 3시 40분부터 업무를 시작해서 밤 12시 20분에 끝납니다. 저녁 조로 일한 뒤 집에 도착해서 잘 준비를 하면 새벽 2시쯤 잠에 들어요.

24년이라는 세월이 흘렀는데 입사일까지 정확하게 기억하고 계시네요. 다스에서 일을 시작하게 된 계기는 무엇인가요?

이 회사를 들어오기 전에 안 해본 일이 없을 정도로 일을 많이 해봤습니다. 참 긴 이야기인데 처음부터 이야기해도 되나요?

그럼요. 몇 살에 처음 일을 시작하셨나요?

열여덟 살에 처음 일을 시작했습니다. 경북 봉화에서 살고 있었는데, 일하면서 고등학교에 다닐 수 있다는 말에 김해에 있는 한일합섬 방직공장에 입사했어요. 그땐 딸들한테 투자를 잘 안 했습니다. 당시 김해합섬 안에는 한일여자실업고등학교가 있었는데, 기숙사에 살면서 3교대로 낮에는 일을 하고 야간에는 고등학교를 다녔습니다. 거기서 우리 보고 그랬어요. '공순이'라고요. 일하면서 고등학교 졸업장을 땄습니다.

낮에는 일하고 밤에 공부하면 제대로 잠은 잘 수 있었나요? 8시간을 일도 하고 따로 고등학교 공부도 할 시간이 필요했을 텐데요.

잠을 잘 수 있는 시간이 거의 없었습니다. 그리고 한일합섬에 온 여자애들이 다 배우려고 왔기 때문에 일하면서 공부할 수 있다는 생각에 크게 힘들다는 걸 몰랐던 것 같아요. 제가 있을 때만 해도 관리직급은 다 남성이었지만 여자 사원이 3000명이나 됐습니다. 한 반에 학생들이 70명 가까이 됐고 기숙사도 8개동이 있었습니다. 저는 열여덟에 1학년으로 입학해서 스무 살에 고등학교를 졸업할 수 있었어요. 잠을 거의 못 자다시피 했지만, 그게 크게 힘들었다는 생각은 하지 않았습니다. 사는 게 다 그렇지 않나요.

그럼 열여덟 살부터 한일합섬방직공장에서 6년 동안 일을 하시고 난 뒤에는 어떤 일을 하셨나요?

여동생이 수원에 있는 삼성전기에서 일하고 있어서 그쪽에 방을 얻었습니다. 동생을 따라 그곳에 입사해서 또 공장에 다녔어요. 거기서 일하다가 엄마가 고향 남자를 소개해줘서 스물네 살에 결혼했습니다. 경주로 내려와서 아이 둘을 낳았죠. 그러면서 삼성생명에서 보험도 팔아봤고, 식당에서 서빙도 해봤고, 포터트럭에 과일장사도 해봤고, 붕어빵 장사도 했습니다. 제가 장사를 해보니 안정된 수입이 있어야 아이들을 키우겠더라고요. 그래서 다시 공장에 가려고 하는데 지인이 대부기공(다스의 전신)에 입사하라고 소개해줘서 서른다섯 살에 이 회사에 취직했습니다.

다시 공장에서 일한다고 했을 때 가족들의 반응이 어땠나요?

가족들의 응원이 대단했습니다. 아들이 초등학교 6학년이었는데 엄마가 어떤 일을 하는지 궁금해서 견학까지 오고 그랬어요. 일요일 특근하는 날에는 아들이 직접 와서 이모들 청소하지 말라면서 직접 청소도 해줬습니다. 격려가 대단했습니다. 남편도 좋아했죠. 뭐든지 잘할 거라고 저를 응원해줬습니다.

그렇게 다스의 전신인 대부기공에 2000년부터 일을 시작하셨는데, 당시에는 어떤 일을 하셨나요?

처음에는 부품을 조립하는 조립반에 있다가 잔업이 많아 돈을 더 벌 수 있는 도장반으로 넘어왔습니다. 부품에 도색을 하려면 움직이는 컨베이어벨트에 부품을 걸어야 하는데 무겁기도 하고 움직이는 속도가 빨라서 적응하는 데 시간이 필요했어요. 제품이 무거워서 걸고 내릴 때 손목이랑 허리가 아팠습니다. 노하우가 없어서 힘으로만 하다 보니 다치기도 했습니다. 컨베이어 벨트가 내려오면서 각자 위치에 선 사람들의 손을 따라갑니다. 내 앞에 있는 손이 빠른 사람은 벌써 자기 일 해놓고 기다리는데 나는 아직 걸지도 못했고, 컨베이어 벨트는 슬슬 내려오니 애가 탔죠. 당시에는 용을 쓰고 일했어요. 지금이야 노하우가 있어서 천천히 걸어도 시간이 남지만 그때는 참 힘들었습니다.

대부기공에 처음 왔을 당시에는 12시간 주야 맞교대를 했었습니다. 아침 7시부터 일하면 저녁 7시까지, 저녁 7시부터 일하면 아침 7시까지 일했어요. 일하는 사람들이 잠을 못 자서 얼굴이 아주 노르께했습니다. 지금은 아이들이 커서 할 일이 없었지만 당시에는 아이들이 초등학생이고 어리니까 애들 뒷바라지까지 같이 하느라 참 힘들었어요. 너무 힘들었죠. 야근하고 나면 얼굴이 다들 노오래요. 그런데 선택권이 없었습니다. 입사하고 나면 교대 근무 조건으로 A조나 B조에 속해서 번갈아 교대 근무를 했죠. 맞교대에서 8시간 2교대로 바뀐 지 얼마 안 되었어요. 10년밖에 안 됐을걸요.

당시 일하는 환경이 참 열악했겠네요.

환경이 참 열악했습니다. 냉난방조차 안 됐어요. 겨울이면 석유난로를
가운데 갖다놓고 일하는데, 손이 얼어서 작업을 못 할 정도가 되어야
가서 불 쬐서 손 녹이고 다시 일하고 그랬습니다. 여름에 에어컨은
꿈도 못 꿨죠. 대형 선풍기도 띄엄띄엄 있어서 덥기는 또 얼마나 더운지.
참 힘들었습니다. 일도 힘든데 근무 시간이 길어서 잠을 못 잔 게
가장 힘들었어요. 철야하는 날에는 36시간을 일했습니다. 아침 7시에
출근해서 저녁 7시까지 하고, 바로 이어서 다음 날 아침 7시까지 일하고
나면 다시 제가 출근해야 할 아침 7시가 되었어요. 말 그대로 하루를
꼬박 샌 거죠.

그렇게 밤을 꼬박 새서 지속적으로 일하면 사람이 정말
죽을 수도 있을 것 같아요. 아픈 사람들은 없었나요?

지금 생각해보면 '깡다구'로 버텼습니다. 밤에 일할 때는 모르는데
아침 근무할 때는 몽롱해서 밥을 먹으러 가기 힘들 정도였어요.
피로회복제를 마시면서 안 졸려고 버텼죠. 그러다가 작업 환경이
바뀐 게 2008년도부터 금속노조로 전환되면서부터예요. 그전까지는
복지라고 불릴 게 전무했는데 탈의실과 샤워실도 리모델링하고
에어컨도 생기고 회사가 조금씩 바뀌기 시작했습니다.

일을 처음 시작했을 때와 지금의 월급 수준은 어느
정도인가요?

처음에는 시급 2000원이었습니다. 일하는 거에 비하면 적어서
늘 철야와 특근, 잔업을 해야 했어요. 지금은 노조가 생기고 임금협상을
꾸준히 해서 그때와는 차이가 많이 납니다. 나이 60에 이만큼을

벌 수 있나 할 정도로 법니다.

자동차 시트 공장인 다스의 여성 비율은 어느 정도인가요?

생산직 752명 중에 여성은 60명입니다. 옛날보다 줄어든 편이에요.
그전에는 110명 정도였는데 해마다 퇴직자가 늘어나서 이제는
10퍼센트가 채 안 됩니다. 공장이 기계화하면서 여성들이 기계 잡는
것을 두려워하는 면이 있는 것 같아요. '내가 배워서 할 수 있나?' 하는
선입견도 있을 테고. 여성들이 자신 없어 하니까 남자들이 '비켜 보소
내가 할게요' 합니다.

현장에서 사람을 칭할 때 직군을 부르는 문화가 있는 것
같던데 도장이면 '도장'으로 부르는 식인 것 같았습니다.
다른 사람들이 뭐라고 부르나요?

주로 현장에서 저를 '아지매'라고 부릅니다. '점수이 아지매'라고
부르죠. 요즘 젊은 세대들은 '이모'나 '이모님'이라고 불립니다.
여자들은 직급이 거의 없어요. 그래서 참 애매해요. 여성들은 뚜렷한
직책이 있는 사람이 아무도 없고 다 평사원입니다. 전에는 여자
조장이 있었는데 퇴직했어요. 그리고 나서 여자들은 직급을 거의
달지 않아요. 대부분 평사원으로 퇴직합니다.

여성들은 대부분 평사원으로 퇴직한다고 했는데 여성
관리직이 적은 이유가 있나요?

일단 여성이 적기도 하고 선뜻 나서지 않는 것 같기도 합니다.
회사에서 여자들에게 '무슨 직책 맡아볼래요?'라고 제안하지도 않아요.
여자들은 거의 안 시키는 분위기입니다. 30년 있어도 그냥 일반

사원으로 퇴직합니다.

**여성이 비교적 적고 남성이 많은 공장의 분위기에는
어떻게 적응했나요?**

노조에서 성차별, 성희롱 예방 교육을 주기적으로 하기 때문에
그나마 괜찮은 편에 속합니다. 경상도에 '남자우월사상'이 있다 보니
제가 처음 들어왔을 때는 여자라고 저를 좀 깔보는 경향이 있었어요.
여성이 직장에 나오면 먹고살기 어려워서 나온 것처럼 생각하고
남자는 집안의 가장이라고 치켜세워주고 자랑스럽게 돈을 벌었죠. 저도
우리 집에서 가장이었는데 공장 분위기가 여성들을 무시하는 느낌이
있었습니다. 그래도 그런 시선들은 무시하면서 일했어요. 일할 수
있다는 자체가 즐거웠고 돈도 벌 수 있으니까요.

**남자가 일하면 가장이니까 치켜세워주고, 여자가 일하면
처량하게 보는 시선을 견디기 어렵진 않았나요? 똑같은 일을
하는 노동자잖아요.**

같은 일을 하고 같은 작업환경에서 일하는데 청소는 여자들만 담당했던
때도 있었습니다. 작업 전후의 정리 정돈 같은 일들을 여자들만 했어요.
그러다 2008년 금속노조로 전환된 이후에 남자도 다 같이 빗자루
들고 청소하기 시작했습니다. 그러면서 조금씩 문화도 바뀌었어요.
이제는 떳떳하고 당당하게 일합니다. 여자라고 깔보면 안 된다는 걸
사람들이 알게 된 것 같아요.

일하면서 또 다른 어려운 점은 없었나요?

옛날에는 반장의 권력이 많이 셌습니다. '신격화됐다'고 표현했죠.

일요일 특근을 못 한다고 하거나, 술 먹자고 하는데 안 간다고 하면
'니 대가리가 몇 개고'라고 말했습니다. 잘려도 괜찮냐는 거죠. 한번은
'보따리 싸가지고 나갈래?' 이런 얘기를 듣기도 했어요. 내가 너를
자를 수도 있으니까 잘 보이라는 거죠. 반장이 근무 조를 편성하니까
순번대로 공평하게 돌아가는 게 아니에요. 자기 마음에 드는
사람에게만 잔업을 더 주는 식의 차별이 있었습니다. 일이 힘들어도
일을 많이 해야 돈을 벌 수 있으니까 사람들이 잔업을 원합니다. 그러니
반장한테 잘 보이기 위해 노력해야 했어요. 그게 좀 치사했습니다.
예를 들어 업무 중에 잠깐 화장실 간다고 해도 '휴식시간에 안 갔다
오고 뭐 했노?' 이런 식으로 눈치를 주니 생리적인 현상도 참아야
했습니다. 그러다가 금속노조가 들어오면서 '조 반장 평가제'가 도입
됐습니다. 지금은 없어졌지만, 그때 반장 밑에 있던 사람들이 직접
반장을 평가하니 반장으로 적합하지 않다는 평가를 3명 정도 받았어요.
그 사람들은 결국 반장 직에서 내려와야 했죠. 그때 사내 분위기가
많이 바뀌고 반장들도 권위를 내려놓기 시작했습니다.

잠을 못 자서 얼굴이 노래진 적도, 여자라고 무시당한 적도
있었지만 황점순 씨는 20년 넘게 이 공장에서 일하셨네요.
그렇게 일할 수 있었던 동력은 무엇인가요?

집안이 어려워서 일을 시작하기는 했습니다. 딱히 수입이 없으니까
일을 할 수밖에 없었습니다. 그러다 직장에 오래 나오니까 점차
제 인생에 자신감이 생겼어요. 일하면서 좋은 동료들도 만나고, 그들과
탈의실에서 잠깐 서로 사는 이야기하는 게 제 인생에 생기를 불어
넣어줬습니다. 주간과 야간이 교대하기 전 30분 여유가 있으면 부서
힘든 이야기도 하고, 사는 이야기도 공유하는 그 시간들이 저를 버티게

하는 시간이었습니다.

일하면서 자부심을 느끼는 순간도 있었을 것 같아요.

제가 직접 돈을 버니까 베풀 수 있는 마음도 생기고 자부심을
느낍니다. 아들 결혼할 때 집도 사줬습니다. 고정된 수입이 있으니까
지인들한테도 조금이나마 베풀 수 있어서 좋아요. 그리고 무엇보다
일이 재미있습니다. 일하면서 활력이 생깁니다. 오래 일을 하다
보니 노하우가 생기고 여유로움도 생겼습니다. 마음이 맞는 동료들끼리
한 공간에서 이야기하면서 일할 수 있다는 사실이 저를 기쁘게 해요.
출근하는 것 자체가 좋고, 출근할 곳이 있다는 게 좋습니다.

이 일에 베테랑이시니 일하면서 '이것만큼은 내가 자신 있다'
하는 지점이 있나요?

신입이 부품을 컨베이어벨트에 걸 때 방향이 안 맞으면 낙하물이
생겨서 불량이 발생합니다. 그냥 부품을 마구잡이로 거는 것 같아
보여도 일정 규격과 간격을 잘 맞춰 걸어야 낙하물이 없어요.
저는 그 규격을 정말 잘 맞춰서 불량이 발생하지 않습니다. 그게
제 노하우예요.

일하는 모습을 보니 부품의 기름이나 페인팅이 묻는 걸
방지하기 위해 앞치마와 토시, 그리고 장갑을 꼭
착용하시더라고요. 일할 때 필수적인 도구들은
황점순 씨에게 어떤 의미인가요?

프레스에서 찍어 나오는 제품에 기름이 묻어 있어서 앞치마를 착용하고
제품이 뾰족해서 긁히는 것을 방지하기 위해 토시를 껴요. 장갑

세 겹을 끼는 건 기름이 손에 묻는 것을 방지해주고 부품을 걸고 내릴 때 미끄러움을 방지하기 위해서입니다. 제게는 아주 소중한 물건들이에요. 없어선 안 될 꼭 필요한 물건들이죠. 그 준비물들이 있어야만 제가 일할 수 있어요.

앞으로 일터에서 이루고 싶은 목표나 꿈이 있나요?

동료들에게 좋은 동료로 남고 싶습니다. 정년까지 1년 남았어요. 남은 기간 최선을 다하고, 건강관리도 잘해서 회사에 덕을 주고 좋게 마무리했으면 좋겠습니다.

동시대를 살아가는 일하는 사람들에게 해주실 말씀이 있다면요.

오래 일하기 위해서는 자존심보다는 자부심을 갖고 일해야 합니다. 자존심만 있으면 상처받아서 스스로 그만두기도 하는데, 내 일에 자부심을 지니고 멀리 보면서 오래오래 일했으면 좋겠습니다.

©박정연

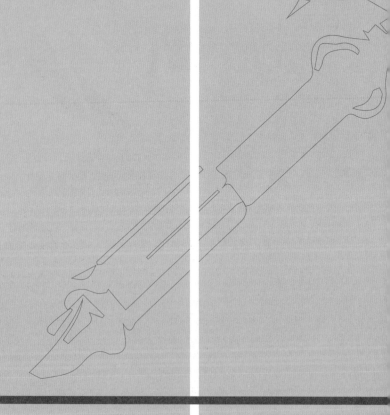

"여성 주택 수리 기사,
정말 '0명'이라 제가
시작했습니다"

주택 수리 기사 안형선

ⓒ황지현

세면대 수도꼭지를 교체하거나, 욕실 환풍기를 수리하는 일은 인테리어 업체에 맡기자니 사소하고 직접 하기에는 어려운 일이다. 부지런한 사람이라면 인터넷에 검색해 호기롭게 스스로 해보기 DIY 를 도전하지만, 그마저도 실패하면 결국 동네 철물점을 찾아야 한다. '철물점 아저씨'로 대표되는 집수리 영역에 주택 수리 서비스 기업을 운영하는 여성 기술자들이 있다. '라이커스 LIKE US '라는 이름을 가진 기업이다.

서울시 구로구의 한 가정집에서 라이커스 대표이자 5년째 주택 수리 기사로 일하고 있는 35세 안형선 씨를 만났다.

©황지현

'여성 주택 수리 서비스 LIKE-US'가 새겨진 유니폼을 입은 형선 씨는
각종 공구와 자재가 들어 있는 가방과 연장 벨트, 사다리를 들고
수리 현장을 찾았다. 그는 화장실 세면대를 분리해 수도관을 살피고,
콘센트와 조명을 분리해 전기 작업을 했다.

'라이커스'는 형선 씨의 두 번째 사업이다. 택배 회사 영업 관리
직으로 일했던 그는 물류 업계의 유리천장을 몸소 경험했다. 비슷한
시기 강남역 살인사건 등 일련의 사회적 이슈를 보면서 '여성을
위한 일을 하고 싶다'는 미션이 마음속에 자리 잡기도 했다. 2018년
다니던 택배 회사에서 퇴사를 결심하며 첫 사업으로 자신이
경험했던 물류 업계의 유리천장을 깨고자 여성들로 구성된 물류팀을
만들어 물류 창고를 운영했다.

2019년 신림동의 한 빌라에서 집 안으로 들어가던 20세 여성을
뒤쫓은 남성이 여성의 집에 침입을 시도했던 주거 침입 미수 사건이
발생했다. 1인 여성 가구의 불안함을 자극한 이 사건은 형선 씨가
라이커스를 만들게 된 계기가 됐다. 그는 '여성을 위해, 여성이 만든
여성 주택 수리 서비스'라는 슬로건을 내걸고, 1인 여성 가구가 맘 편히
집수리를 받을 수 있는 여성 기술자로 구성된 주택 수리 사업을
론칭했다. 현재는 형선 씨를 포함해 여성 기술자 다섯 명이 소속되어
있다. 라이커스는 기존 수리 서비스들과 다르게 시공비용이 투명하게
공개되어 있다. 예를 들어 '방문 손잡이 교체: 1만 1000원' '싱크대
수전 부속(코브라·자바라·헤드) 교체: 1만 1000원' '세면대 교체: 7만
7000원' 등 세부 시공비용을 고객들에게 안내하고 있다.

> 라이커스는 '우리와 같은 여성을 위해서 만든 서비스'라는 뜻을
> 담고 있어요. 1인 여성 가구로 살면서 겪은 여러 불편한 경험이 있는데

그중에서도 집수리는 필연적으로 겪을 수밖에 없는 불편한 경험 중 하나였죠. 집수리를 하고 싶으면 100이면 100 남성 기술자가 오는데 우리가 그분들에 대해 아는 건 핸드폰 번호 정도밖에 없어요. 하지만 그분들은 우리 집 주소를 알고 내 연락처를 알고, 또 내가 혼자 사는 집인지 아닌지도 알 수 있습니다. 그런 것에 우리가 느끼는 불안 요소들이 있는데, 이 불안을 개선한 서비스를 만들어보면 어떨까 하는 생각을 하게 됐습니다.

2019년 10월 '라이커스'를 설립했지만, 예상치 못한 난관에 부딪혔다. 바로 여성 기술자의 부재였다. 여성 기술자가 적어서 함께하기 어려운 정도가 아니라 정말로 '0명'이었다. 이 업계에서 일하고 있는 여성 선배나 롤모델을 찾는 일도 어려웠다. 그래서 대표인 형선 씨가 직접 기술을 배워 수리 기사로 일하게 됐다.

기술을 배우는 과정은 그리 녹록치 않았다. 기본적인 기술을 배우기 위해 찾았던 사설교육기관에서 형선 씨는 유쾌하지 않은 칭찬을 들어야 했다. "저는 공구를 잘 다뤄서 수업을 잘 따라갔는데 제 옆에 계신 남성분이 서툴면 선생님이 그분에게 '옆에 안형선 씨는 여자분인데도 잘하는데, 남자분이 왜 이렇게 못하세요'라며 비교를 하셨어요. 저를 칭찬하려고 하신 말씀이지만 여성이 남성보다 못한다는 전제가 깔린 말이라 그 말을 듣고도 기분이 썩 좋지 않았죠."

건설 기술 교육은 경험이 자산이 되는 직업으로, 전문가의 경험으로부터 기술을 전수받는 도제식 교육이 특징이다. 특히 집수리 분야의 경우 전문 자격증이 있는 게 아니기 때문에 현장에 부딪치면서 경험을 쌓아야 한다. 하지만 이제 막 기술 교육을 마친 개인 여성 기술자가 어디서 일을 구할 수 있을까. 그래서 라이커스는 정식 서비스 오픈 전, 여성 소비자를 대상으로 집수리 체험단을 모집했다. 열 명만 신청해도 많이 신청한 것이라 예상했으나, 이틀 만에 100명의 고객이 신청하며 여성들의 니즈를 실감했다.

하지만 남성 기술자가 정상 표본이라고 여겨지는 상황에서 살아남는 매일이 도전이었다. 형선 씨는 "'경험이나 힘이 부족한 것 아니냐'는 말은 수용할 수 있지만 '여자라서 못하는 것 아니냐'고 책망할 때면 속이 상합니다"라고 털어놨다. 그래도 힘이 되는 건 고객들의 응원이다. 그는 체험단에 참여한 고객이 남긴 피드백 중 '살아남아주세요'라는 말이 기억에 남는다며 "그런 응원에 우리는 이 일을 계속해야 한다는 용기를 얻기도 합니다. 고객들에게 연대를 느끼죠"라고 말했다.

> 66 저희가 어떤 분들에게는 유일한 대체제라 생각하기도 합니다.
> 방에 등이 하나인 원룸에 사는데, 몇 년 동안 고치지 못하고 살던
> 분을 만난 적이 있습니다. 개인적인 경험 등으로 인해 남성
> 기술자가 집에 오는 것 자체를 무서워하고 심리적으로 불안함을
> 느끼는 분이었어요. 마음이 무겁기도 했지만 그나마 우리라도
> 있어서 다행이라는 생각에 만감이 교차했습니다.

5년째 사업을 꾸려가는 형선 씨가 여전히 갈증을 느끼는 부분은 '여성 기술자의 부재'다. 그는 "경력직 여성 기술자를 채용할 수 없고 무조건 신입으로만 채용해야 합니다"라고 어려움을 토로했다. 여성이 주택 수리업에 종사하는 일이 드문 이유는 사회적 차별에 기인하기 때문이라고 지적했다.

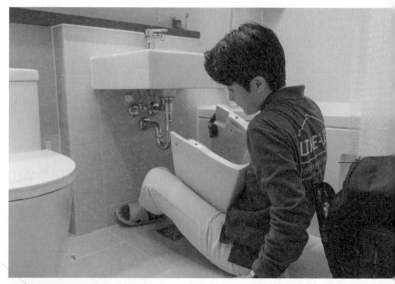

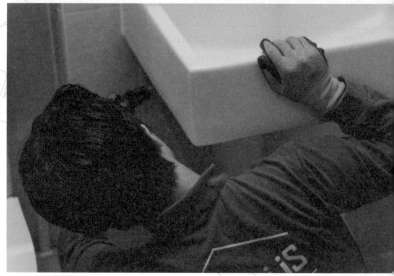

> 이 일이 힘으로만 하는 게 아닌데 건설 관련 기능직, 기술직과 관련된 일을 생각하면 힘을 먼저 떠올립니다. 같은 교육기관에서 배출한 똑같은 수준인 여성과 남성이 있다면 남성을 더 선호하죠. 또 기술자들이 취업을 하더라도 당장 일거리를 쥐고 있는 사람들은 남성이고 여성이 느끼는 차별과 불편함에 공감을 못 하는 경우가 많습니다. 일을 하려면 그런 분위기를 참아야만 합니다. 업계의 남성 중심적인 관행들이 여성의 설 자리를 없게 만들고 이미 진입한 여성도 생존하기 어렵게 만듭니다.

형선 씨는 여성 기술자들이 적은 한국 사회에서 라이커스를 통해 여성들을 정규직으로 고용하며 여성 기술자 인력을 배출하고 싶다고 말했다. 또한 누군가 '여자도 전업으로 집수리를 할 수 있는 일이야?'라고 의심했을 때 자신을 살아 있는 증거로 더 많이 알리고 싶다고 말했다. 그는 "라이커스는 정말 세상을 바꾸는 일이라고 생각합니다. 집이 고장 났을 때 가장 먼저 떠오르는 서비스가 됐으면 좋겠어요"라고 포부와 자부심을 드러냈다.

본인과 하는 일을 소개해주세요.
여성 수리 기사가 방문하는 마음 편한 집수리 서비스, 라이커스를 운영하고 있는 주식회사 왕왕 대표 안형선입니다. 나이는 35세이며 현재 수리 기사로 활동하고 있습니다. 동시에 사업도 운영하고 있고 기술 워크숍을 할 때는 강사로 활동하고 있습니다.

주택 수리 기사가 하는 일에 대해 좀 더 자세하게
설명 부탁드립니다. 급하게 집수리를 할 때 부르는 철물점

사장님 같은 분이 떠오르는데, 적당한 비유인가요?

그렇게 이해하면 딱 적절합니다. 인테리어 업체에 맡기기에는 사소하고 내가 하기에는 어려운 소수선 영역을 담당합니다. 저희는 하루에 여러 집에 가기 때문에 그게 장점이자 단점인 것 같습니다. 집을 방문해서 고객을 만나야 된다는 부분이 정신적인 피로감을 좀 줄 수 있습니다. 사람 만나는 걸 좋아하는 분들한테는 천직인 듯합니다.

일과가 어떻게 되고 일주일에 얼마나 일을 하나요?

정규직으로 일하는 수리 기사들은 오전에 사무실에 와서 그날 혹은 다음 날까지 필요한 수리 부품을 차량에 싣고 업무를 나갑니다. 수리 물품 재고나 수리 내용에 따라 그다음 날도 사무실로 출근했다가 바로 출장을 가는 경우도 있습니다. 저는 소속된 수리 기사로만 일하는 게 아니라 회사 대표이기 때문에 주 6~7일 일하고 있습니다.

라이커스의 수리 기사들은 모두 여성 기술자로 구성되어 있는데, 이들은 정규직으로 일을 하나요?

현재 일하고 있는 수리 기사 가운데 두 명이 정규직입니다. 앞으로는 영입할 분들을 모두 정규직으로 채용하는 게 목표입니다. 도배나 건설업 내 다른 분야도 마찬가지인데, 이 업계가 진입하는 것도 어렵지만 진입하고 난 뒤 쭉 생존해나가는 것도 어렵습니다. 제가 일할 자리를 계속 마련해야 하기 때문입니다. 기술직이 취업구조가 불안정한 프리랜서 형태이지 않습니까. 총 급여를 정해놓고 그 안에서 안정적으로 일하면서 경험치도 쌓고 성장해나가는 기반을 제공하고 싶습니다. 아직 작은 회사이지만 정규직으로서 이런 기반을 마련하면 여성 인력 배출을 더 할 수 있지 않을까요?

일당은 어느 정도인가요?

하루 평균 시공 건수가 세 건이라고 치고 기술자가 개별 수입으로 가져간다면 20~25만 원 선이 되겠네요. 보통 건설업체 숙련공에 준하는 일당입니다. 오래 일한 분은 35만 원까지도 받는 것으로 알고 있는데 그래서 저는 이 일이 비전이 있다고 생각합니다. 저희의 목표는 하루 세 건을 두 배 가까이 끌어올리는 것입니다. 그렇게 되면 더 많은 분들을 채용할 수 있을 테니까요.

주택 수리 기사를 직업으로 삼겠다고 했을 때 주변의 반응은 어땠나요?

부모님은 걱정을 좀 하셨지만 구태여 반대하지는 않으셨어요. 여전히 '괜찮겠냐 몸으로 하는 일인데'라고 걱정은 하십니다. 가끔 방송에 출연하거나 이렇게 인터뷰를 하면 1년에 한두 번씩 연락하는 친구가 '방송 봤다. 나도 너처럼 살겠다'는 응원의 연락을 줍니다.

주택 수리 기사를 하기 전에는 어떤 일을 했나요?

택배 회사에서 영업 관리직으로 근무했습니다. 그러다 창업하고 싶어 퇴사하고 창업 교육을 받았습니다. 교육을 받으면서 여성에 대한 개인적인 미션이 커져서 여성을 위한 사업을 하고 싶다고 생각했습니다. 내 커리어를 살려서 할 수 있는 일을 찾다가 물류업 내에도 유리천장이 공고하니까 여성들도 이 일을 할 수 있다는 것을 보여주자고 해서 첫 사업으로 여성 물류팀을 만들고 운영하게 됐습니다. '풀필먼트'라고도 하고 '물류대행업'이라고도 하는데, 물류창고에 물품을 상시로 보관하고 포장하고 택배도 보내는 사업입니다. 그 이후에 라이커스를 시작했습니다. 라이커스에 대한

사회적 반응이라고 할까요. 그런 부분이 더 좋아서 물류업은 중간에
접고 라이커스에 매진하게 되었습니다.

여성에 대한 개인적인 미션이 커져서 라이커스를 만들게
되었다고 설명해주셨는데, 그 계기가 있나요?

2018년 1월 첫 창업을 했는데, 당시 강남역 살인 사건(강남역 근처
상가 건물 화장실에서 한 남성이 일면식도 없는 여성을 무참히 살해한 사건)이
있었습니다. 라이커스를 창업하던 시점에는 신림동 주거 침입 미수
사건이 있었어요. 그런 일련의 사회적 이슈들을 보면서 '여성을
위한 일을 하고 싶다'는 미션이 커졌던 것 같습니다. 저도 택배 회사에서
일하면서 불평등을 피부로 느꼈습니다. 채용 면접을 볼 때 '결혼
적령기인데 결혼 안 할 거냐'는 질문을 받을 정도로 여성에 대한 차별이
공고했습니다. 유리천장이라든지, 이런 부분이 사회적으로 바뀌어야
한다고 생각합니다. 내가 직접 사회를 바꿀 수 있는 일을 하자고
생각해서 사업까지 연결하게 됐습니다.

언제 라이커스를 만들게 됐고 이 일을 시작한 지
얼마나 됐나요?

2019년 10월 법인을 설립했고 이후 몇 개월 정도 집수리 기술을
배우고 운영 체계를 짰습니다. 사실 처음 이 서비스를 시작했을 때,
제가 기술을 직접 배우는 게 아니라 활동하는 여성 기술자들을
모시려고 했습니다. 여성을 주축으로 팀을 꾸리고 확장하는 식으로
생각했는데 영입할 여성 기술자가 없었습니다. 정말로 '0명'
이었습니다. 여성 선배 기술자를 찾아서 경험을 듣기도 어려웠습니다.
선배 기술자가 있다면 현업에서 뭐가 어려운지 등 여러 부분을

©황지현

물어보고 싶은데, 한 분도 안 계셨습니다. 그래서 유관 분야인 타일이라든가 기술 교육을 해봤던 분이나 과거에 용접했던 분 등 이런 여성들을 물어물어 찾아다녔습니다. 그러다 여성 주택 수리 기사는 안 계시니까 우리가 직접 해야겠다고 결정하고 배우게 됐습니다.

'라이커스(like us)'를 한국어로 번역하면 '우리와 같은'이라는 뜻인데요, 왜 기업 이름이 라이커스인가요?

라이커스는 '우리와 같은 여성을 위해 만든 서비스'라는 뜻을 담고 있어요. 1인 여성 가구로 살면서 겪은 여러 불편한 경험이 있지만, 그중에서도 집수리는 필연적으로 겪을 수밖에 없는 불편한 경험 중 하나였죠. 집수리를 하고 싶으면 100이면 100 남성 기술자가 오는데 우리가 그분들에 대해 아는 것은 핸드폰 번호 정도밖에 없어요. 성함도 모르고, 연령도 모르고 어디 사는 누군지도 모릅니다. 하지만 그분들은 우리 집 주소를 알고 내 연락처를 알고, 또 내가 혼자 사는 집인지 아닌지도 알 수 있습니다. 그런 것에 우리가 느끼는 불안 요소들이 있었죠. 게다가 서비스 자체도 투박하게 진행되어 왔습니다. 요금이 얼마냐고 물어보면 '가봐야 안다'는 식으로 불투명하게 이야기하고, 수리가 어떻게 됐는지 물어보면 '잘 끝났어요' 정도로 대충 설명해주는 분들도 있습니다. 그냥 궁금해서 여쭤본 건데 윽박지르듯 말하거나 고압적인 태도를 보이는 분들도 있죠. 결국 수리 서비스를 요청할 때 가장 중요한 건 어떤 분이 우리 집에 올지 모른다는 것입니다. 여성 소비자 입장에서 '이런 불안 요소들이 개선된 서비스를 만들어보면 어떨까' 생각하게 됐습니다.

두 번째로는 이 영역(집수리)에서 '왜 여성 기술자를 만나본 적이 없나, 여성이 정말 일하기 어려운 것인가' 직업적인 의문이 생겨 일을 시작하게 됐습니다. 만약 일하고 싶은 여성이 있는데 그동안 공고했던 남성중심의 산업에서 여성들이 설 자리를 찾지 못했던 거라면 우리가 그런 분들에게 사업을 통해 기회를 줄 수 있겠다는 생각으로 라이커스를 만들었습니다. 저까지 정규직 노동자는 세 명이고 프리랜서는 두 명으로 현재 총 다섯 명이 일하고 있습니다.

사회를 바꾸기 위해 사업을 시작한 점이 인상적입니다. 사회를 변화하기 위해 일반적으로 시민운동이나 정치로 이어지기 마련인데 사업으로 발전시키게 된 계기는 무엇인가요?

기존에 이런 서비스가 있었다면 제가 열심히 응원했을 것 같아요. 아무도 안 하니까 제가 할 수밖에 없는 상황이라고 생각했습니다. 물류사업을 하면서 직접 사업해본 경험이 있었던 덕에 한번 시도해볼 수 있겠다는 생각이 들었습니다. 만약 우리가 실패하더라도 레퍼런스가 되어 나중에 올 다른 여성들에게 뭔가를 남겨줄 수 있다면 그것도 의미는 있겠다고 생각했어요. 너무 무겁게 생각하지 않았습니다. 또, 주변 여성들로부터 여성 기술자가 집을 수리해준다면 당연히 맡길 거라는 이야기를 많이 들었습니다. 수리 기사님이 오면 신발장에 남자 신발을 갖다놓고, 부모님이나 친구들에게 전화하는 불편한 상황들이 연상되는데 여성 수리 기사가 온다면 안심할 수 있을 거라는 주변 피드백이 많았죠. 우리만의 유토피아가 아니라 많은 사람이 공감할 수 있는 데 포인트를 두고 사업적으로 발전시켰습니다.

주택 수리 기사가 '0명'이라고 했는데, 이 일을 시작하려는 사람은 어떤 경로로 일을 배우고 시작할 수 있나요?

건설 기능직 교육이 도제식이지 않나요. 경험이 정말 중요한 직업입니다. 급여는 낮고 허드렛일의 비중이 크고 전수 속도가 느린 게 특징인데, 도제식 교육이라는 게 (주택 수리 기사로서) 여성의 진입과 생존을 막는 요인 중에 하나라고 생각했습니다. 사설 교육기관에서 기술 교육을 이수하는 방법이 있지만 이 일은 타일이나 전문 시공 분야가 아니기 때문에 전문 자격증이 없죠. 사설 교육기관에서 기본적인 기술 교육을 수료한 뒤, 당장이라도 명함을 만들어 돌리고 경험이 좀 부족하더라도 일단 부딪치면서 실력을 쌓아야 합니다. 하지만 여성이라면 그렇게 일을 찾는 것 자체가 쉽지 않습니다. 여성 기술자가 어떤 브랜드나 기업에 속해 있지 않는 이상, 개인 여성 기술자라고 한다면 소비자들도 반신반의하지 않을까 하는 생각이 듭니다. 그런 시선을 직접 느껴봤기 때문에요. '숨고('숨은 고수'의 준말로 전문가 매칭 서비스 플랫폼)' 같은 플랫폼을 통해 많은 수리 경험을 쌓는 게 현실적인 방법 같습니다.

처음 기술을 배웠을 당시를 기억하나요? 강사도, 수업을 듣는 대부분의 수강생도 남성이었을 텐데, 분위기는 어땠나요?

사설 교육기관에서 교육을 받으면서도 성차별을 겪었지만 수업 강사님은 성차별이라고 생각 못 했을 거예요. 저는 어렸을 때부터 공구를 가지고 노는 게 취미라 공구를 제법 다뤄서 수업을 잘 따라갔는데, 옆에 계신 남성분이 서툴면 선생님께서 항상 저와 비교를 했습니다. '안형선 씨는 여자분인데도 잘하는데 남자분이 왜 이렇게 못합니까'라고요. 저를 칭찬하려고 하신 말씀이지만 그 말을 듣고 기분이 좋지 않았어요. 여성이 남성보다 못한다는 전제가 깔린 말이니까요. 그런데 저를 칭찬하고 싶은 선생님의 의도를 헤아렸기 때문에 그냥 가만히 있었죠. 그러다 보니 수업을 하면서 공구를 잘 다루면 제가 더 무안해지고 부담스러워지는 상황이 많았습니다. 그때의 경험은 여성을 위한 기술 워크숍을 개최하게 된 계기가 되기도 했습니다. 여성이 자신의 돈을 내고 교육을 받으면서도 차별적인 분위기 속에서 공부를 해야 한다는 사실이 답답했어요. 그래서 여성이 편안하게 느낄 수 있는 평등한 환경에서 배울 수 있는 시간을 제공하고 싶어 워크숍도 개최하게 되었습니다.

5년 동안 직접 수리도 하시고 사업을 운영하셨는데 여성이 주택 수리업에 적은 이유가 무엇이라고 생각하나요?

사회적 차별에 기인합니다. 이 일이 힘으로만 하는 게 아닌데 건설 관련 기능직, 기술직과 관련된 일을 생각하면 힘을 먼저 떠올립니다. 같은 교육기관에서 배출한 똑같은 수준인 여성과 남성이 있다면 남성을 더 선호하죠. 또 기술자들이 취업을 하더라도 내부에서 서로 관계를 유지하는 방법 중 하나가 성적인 농담을 주고받는 것입니다. 다 그런 건 아니지만, 성적인 농담을 나누는 분위기에 익숙해져야 하는 것 같습니다. 그런 분위기에서는 여성이 적응하거나 살아남기 어렵습니다. 당장 일거리를 쥐고 있는 사람들은 남성이고, 여성이 느끼는 차별과 불편함에 공감을 못 하는 경우가 많습니다. 일을 하려면 그런 분위기를 참아야만 하죠. 업계의 남성 중심적인 관행들이 여성의 설 자리를 없게 만들고 이미 진입한 여성도 생존하기 어렵게 만듭니다. 예를 들어 여성 도배사분이 계신데, 반장님 비위를 맞춰야 일감을 얻어낼 수 있으니 기분이 나빠도 나쁜 티를 낼 수가 없는 겁니다. 일감을 쥐고 있는 자들이 권력자니까요.

건설업계에서도 여성 노동자들을 만나봤지만, 여성 관리직이 정말 드물더라고요. 남성 기술자가 정상 표본이라고 여겨지는 상황에서 계속해서 살아남는 게 쉽지 않았을 것 같습니다.

기술을 배운 초창기에는 경험이 적어 서툴다 보니 한 번에 수리를 끝내지 못한 집이 있었어요. 그 집의 임대인이 '여성이라 힘이 부족한 거 아니냐'고 말씀하시더라고요. 경험이나 요령이 부족해서 하지 못한 일도, 모두 성별 때문이라고 흔히 생각합니다. 경험이나 힘이 부족한 것 아니냐는 말은 수용할 수 있지만 '여자라서 못하는 것 아니냐'는 책망을 들을 때면 속이 상합니다. 그래도 저희 고객 대부분이 여성이기 때문에 차별적인 현장은 정말 드문 편인데, 저희가 문제를 해결해드리지 못했을 때 스스로 갖게 되는 불안감이 있습니다. 혹시 우리가 여자라서 못 했다는 생각을 하시게 될까봐요. 저희도 경험치가 쌓이다 보니 누수나 인테리어 등 다른 업체가 와야 할 만한 일들은 저희 선에서 할 수 없는 일이기 때문에 최대한 빨리 환불해드리고 다른 조치를 취할 수 있게 도와드립니다.

그럼 '여성이라서 못 하는 것 아니냐'는 말을 듣거나 차별적인 상황을 마주했을 때 어떻게 대처하나요?

어떤 차별적인 이야기들은 흘려듣고 넘기지만, 여자라서 못 한다는 이야기에는 여자라서 못 하는 게 아니라 경험이 부족해서 그런 거라고 말씀드립니다. 사실 말씀드려도 이해 못 하시는 경우가 있습니다. 그런데도 말씀을 드리는 이유는 설득의 과정이 필요하다고 생각하기 때문입니다.

한계와 차별을 해소하기 위해 일을 시작했지만, 막상
부딪혀보니 예상치 못한 부분에서 힘들었던 적은 없었나요?

창업한 지 5년이 지났지만, 여전히 경력직 여성 기술자를 채용할
수가 없습니다. 무조건 신입으로 채용할 수밖에 없죠. 저희가 있는 일을
해본 사람이 없기 때문에 내부에서는 일을 새로 배워야 하는 상황이
됩니다. 그래서 신입 기술자를 빠르게 성장시키려고 내부 스터디를
하고 새로운 케이스들을 공유하고 서로 지식을 업데이트하는 시스템을
만들고 있습니다.

소비자들의 반응은 어떤가요?

이 직업이 경험이 중요하다 보니 처음 기술을 배우고 현장에서
바로 프로페셔널하게 수리를 하기가 어렵습니다. 그래서 라이커스를
만든 뒤 초기 수리를 해드리는 체험 서비스를 제공한 적이 있습니다.
시공비는 받지 않고 부품 비용만 받고 수리를 해드렸는데 그분들
덕분에 경험을 쌓았고, 그 기간 동안 정말 많이 성장했습니다. 열 명만
신청해도 많이 신청한 거라고 생각했는데 이틀 만에 100명이 신청했죠.
그래서 금요일에 체험단 모집을 시작했다가 이틀 만인 일요일에
급히 마감했습니다. 체험단을 통해 고객의 니즈를 확인했죠. 저희
초기 고객이 남겨주신 피드백을 살펴보면 '살아남아주세요'라는 말이
많았습니다. 그런 응원에 우리는 이 일을 계속해야 한다는 용기를
얻기도 합니다. 고객들에게서 연대를 느끼는 거죠.
저희가 어떤 분들에게는 유일한 대체제라고 생각하기도 합니다.
방에 등이 하나인 원룸에 사는데, 몇 년 동안 고치지 못하고 사는 분을
만난 적이 있어요. 개인적인 경험 등으로 인해 남성 기술자가 집에
오는 것 자체를 무서워하고 심리적으로 불안함을 느끼는 분이었죠.

201

마음이 무겁기도 했지만 그나마 우리라도 있어서 다행이라는 생각이
들어 만감이 교차했습니다.

힘들었던 순간도, 차별을 겪었던 순간도 있었겠지만
형선 씨의 답변에 자부심이 뚝뚝 묻어나네요.

그럴 수밖에 없는 게, 이 일을 하는 사람이 저희뿐이에요. 우리 회사밖에
없습니다. 여성 기술자를 전면에 내세우기 어려우니까 그런 것 같아요.
모두가 괜찮은 사업 아이템인 것 같다고 말하면서도 따라하는
사람이 없어요. 이 시장에서 여성 기술자를 보유한 기업은 우리뿐
이니까, 여성 기술자라는 자원은 우리의 장점이라고 생각할 수 있죠.
하지만 또 한편으론 '왜 따라하는 사람이 없지? 이 정도면 따라할
법도 한데…' 싶으면서도 '맨땅에 계속 헤딩하는 건가' 하는 생각도
들어요.

사실 이 일은 미션이 없으면 못 했을 것 같아요. 저희랑 같은 시기에
시작했던 집수리 업체들은 줄줄이 폐업했습니다. 초반에 서비스를
이용해주신 체험단분들과 함께 우리를 응원해주고 연대해주시는 분들
덕에 여기까지 올 수 있었던 것 같아요. 여성도 할 수 있다는 것을
대외적으로 보여주고 있지 않나요. 누군가 '여자도 할 수 있는 일이야?'
라고 의심했을 때 반박할 수 있는 증거 자료가 되지 않을까요? 살아 있는
증거가 될 수 있을 것 같아요. 좀 더 사업이 커져서 저희의 존재가
대중적으로 더 알려졌으면 좋겠다는 생각으로 계속하고 있습니다.

혹시 남성 1인 가구도 주택 수리 서비스를 요청할 수 있나요?
확장성에 대한 고민도 있을 것 같아요.

아직까지는 운영되지 않고 있지만 서비스 론칭을 계획하고 있습니다.

202

남성 소비자들도 분명 니즈가 있다고 봅니다. 그동안 집수리 서비스 자체가 투박하게 운영되어 왔습니다. 요금도 미리 알려주지 않고, 설명도 제대로 해주지 않고 AS는커녕 수리 후 연락 두절이 되는 경우도 많았습니다. 시공 품목과 가격을 투명하게 공개하고 친절하게 수리해주는 이들에게 일을 맡기고 싶다는 니즈가 남성들에게도 있을 것 같습니다. 그래서 남성 기술자를 영입해서 비슷한 서비스를 할 계획도 있습니다.

장비 가방을 무겁게 들고 다니고 장비 벨트에도 몽키 스패너, 망치, 드라이버 등 많은 연장들이 꽂혀 있네요. 이 장비들은 형선 씨에게 어떤 존재이고, 라이커스는 형선 씨에게 어떤 의미인가요?

장비는 저를 먹고 살게 해주는 애들입니다. 좋은 장비 하나가 일의 성과를 좌우하기도 합니다. 내 손에 맞는 장비를 쓰는 게 정말 중요합니다. 사실 내 손에 맞는 공구를 찾는 것부터가 일이었습니다. 공구 산업에서 여성이 기준 모델이 아니다 보니 대부분 성인 남성을 위한 도구들이 많았는데, 많은 시행착오를 거쳐 제 손에 맞는 장비를 찾았죠.

라이커스는 정말 세상을 바꾸는 일이라고 생각합니다. 제가 제 입으로 이렇게 말하는 게 거창하게 보일 수 있는데, 진짜로 우리밖에 없습니다. 아무리 이 일을 그만두고 싶어도 대체제가 없어요. 나중에 제가 사업 운영을 잘못해서 접더라도 레퍼런스가 되는 것만으로 의미가 있다고 생각합니다. 그동안 '여자들은 힘이 없어서 그런 거 못 해, 여자가 무슨 그런 일을 해?'라고 했을 때 내세울 수 있는 마땅한 기록이 없었는데 이제는 그런 기록이 있는 거니까 그런

면에서 의미가 있다고 생각합니다.

일터에서 이루고 싶은 목표나 꿈이 있나요?

집수리가 필요할 때 가장 먼저 떠오르는 서비스가 됐으면 좋겠습니다. '집이 고장 났을 때 어디에 알아볼 거야?'라고 물으면 숨고, 당근마켓 등 답변이 다들 다릅니다. 배달시킬 때는 '배달의민족'을 생각하는 것처럼 저희도 이 업계에서 많은 사람이 대중적으로 인지하는 서비스 회사가 되었으면 좋겠습니다.

동시대를 살아가는 여성들에게 해주실 말씀이 있다면요.

어느 직종이든 여성에 대한 차별이나 혐오는 존재한다고 생각합니다. 그 업계의 여성으로서 살아남아주면 좋겠습니다. 여성이 고위관리직이 되었으면 좋겠습니다. 모두 끝까지 생존해주세요.

""노가다' 아닙니다,
스물세 살 여성
빌더 목수입니다"

빌더 목수 이아진

나무와 망치를 든 예술가로 불리기도 하는 '목수'는 나무로 가구를 만들거나 집을 짓는 이들을 말한다. 목수의 종류는 매우 다양한데, 건설현장에서 콘크리트가 타설될 거푸집을 만드는 '형틀 목수', 내부 인테리어를 시공하는 '인테리어 목수', 나무로 집을 짓는 '빌더 목수' 등이 있다.

그중에서도 빌더 목수는 말 그대로 집을 짓는 사람이다. 집에 필요한 모든 과정을 시공하고, 인테리어, 설비, 전기 마감 등 모든 공정의 A to Z를 컨트롤할 수 있는 전문성이 필요한 직업이다.

충북 충주의 한 작업실에서 6년 차 빌더 목수 스물세 살 이아진 씨를 만났다.

©황지현

아진 씨는 14만 구독자를 보유한 유튜브 채널 〈전진소녀의 성장일기〉에서 목수로 성장하는 자신의 모습을 콘텐츠로 담아 보여주는 크리에이터이기도 하다. 영상에서 그는 안전 고글을 끼고 정돈된 작업복을 입은 채로 빌더 목수로의 정체성과 자긍심을 드러낸다. 이날 아진 씨는 8킬로그램이 족히 넘어 보이는 툴 벨트를 가볍게 허리에 차고 목조 주택에 쓰이는 나무 자재를 전기톱을 이용해 능숙하게 재단했다.

아진 씨가 빌더 목수가 된 건 끝없는 진로 고민의 산물이었다. 경쟁이 중심이 되는 한국 교육에 답답함을 느낀 그는 열네 살에 이모 손을 잡고 호주로 유학을 떠났다. 홀로 아진 씨를 키우던 어머니는 재산 대부분을 처분하고 딸의 유학을 지원했다. 호주로 떠난 아진 씨는 꿈을 키웠다. 부모의 직업이 목수인 걸 자랑스럽게 여기는 호주 친구들 곁에서 건축을 하고 싶다는 막연한 생각을 품게 된다.

건축학과로 대학 진학을 1년 앞둔 시기, 아진 씨는 문득 '어떤 건축'을 하고 싶은지 고민에 빠진다. 1년 동안 답을 찾아 고민하던 그는 결국 답을 찾지 못했다. 그 길로 고등학교를 자퇴한 뒤 한국으로 돌아왔다. 질문에 대한 답을 찾지 못한 채 건축학과에 가서 그저 그런 건축가로 성장해가고 싶지 않았다. 자신만의 건축 철학을 찾고 싶어 내린 결정이었다. 그러던 중 가족을 따라 방문한 건설현장에서 목조 주택의 매력에 빠졌다. 아진 씨는 빌더 목수가 되어 그 답을 찾기로 결심했다.

열여덟 살 아진 씨가 한국의 건축 현장에서 마주해야 했던 것은 고된 노동뿐만이 아니었다. 그는 건설판에 파다한 '어린애' '여자애'에 대한 편견과 마주해야 했다. 치열한 고민 끝에 건축 현장에 온 그였지만 그의 간절한 마음을 진지하게 받아주는 이는 많지

않았다. '어려 보이는 아가씨가 있네' '네일 건(목재에 못을 박는 도구)은
들 수 있겠어?'라며 비아냥거리는 이들도 있었다.

> 66 여자고, 어리다는 이유로 장벽을 느꼈습니다. 저를 팀원의 한
> 사람으로서 받아들이는 것보다 그냥 아빠 따라온 열여덟 꼬꼬마
> 여자애로 봤죠. 이 일을 전문적으로 배우고 싶고, 해보고 싶은데
> 저의 마음을 진지하게 받아주지 않는 것 같았습니다. 제가 어느 정도
> 초보를 지나 실력이 쌓이면서 기술을 완전히 터득하게 되는 시기가
> 됐을 때도, 일을 주지 않고 믿어주지 않았어요. 어느 정도 이 일의
> 과정이라든가 시스템에 대한 이해도가 있는데, '어리니까 뭘
> 모르겠지'라는 생각이 있는 것 같아요. 저를 팀원으로 인정해주지
> 않는 것이 속상했습니다.

아진 씨는 이를 악물었다. '할 수 있겠냐'는 의심에 대응할
수 있는 유일한 방법은 자신이 더 성장하는 방법밖에 없다고 생각했다.
그래서 퇴근을 하고 나서도 쉬지 않고 공부했다. 작업 중 새로
알게 된 공법이나 자재를 노트에 매일 써내려갔다. 그렇게 공책을
빼곡히 채웠다. 40킬로그램짜리 합판을 들어올리기 위해 근력 운동도
했다. 자신이 성장하고 경험을 많이 쌓아서 높이 올라가면, 능력을
알아주는 때가 올 거라고 생각했다.

> 66 '내가 할 수 있다'고 구태여 말하지 않아도 알아서 내 능력을 알아채는
> 상황이 올 거라고 생각했어요. 그런 오기로 버텼습니다. '누가 이기나
> 보자. 몇 년이 걸리든 나는 보여줄 거니까'라고요.

열여덟 살에 무급으로 일을 시작했던 아진 씨는 이제 20만 원의

일당을 받는 빌더 목수로 성장했다. 하지만 아진 씨는 사회의 여전한 시선과 현장 내부의 분위기에 답답함을 토로했다. 아진 씨와 같은 젊은 여성 목수의 비율이 적은 이유를 물으니 단번에 "전례가 없어요. 롤모델이 없습니다"는 답변이 돌아왔다. 호주에서 유년기를 보낸 그는 "호주의 경우 여성 목수들이 많이 분포되어 있다 보니 일하는 환경이 평등하고 조화롭습니다. '여자는 목수를 못 할 거야'라고 말하면 정신병자 취급을 받을 정도로 직업에 있어서 차별이 없어요. 그런데 한국은 애초에 여자를 떠나서 젊은 목수도 없습니다"라고 토로했다. 그중에서도 아진 씨가 가장 답답함을 느끼는 부분은 블루칼라 노동을 폄하하는 '노가다'라는 편견이었다.

66 '노가다'라는 말이 너무 싫었습니다. 애초에 사무실에 앉아서 일하는 게 귀한 직업, 몸 쓰는 직업은 별로 안 좋은 직업으로 나뉘니 이 직업은 인생의 옵션에서 빠지게 됩니다. 호주에서는 목수들 스스로 프라이드가 높습니다. 연봉도 높고, 워라밸(워크 라이프 밸런스)도 좋으니까요. 큰 트럭을 끄는 게 로망인 친구들도 있었고, 방과 후 학교에서 목수 수업을 듣는 친구들도 많았습니다. 그런데 한국에 와서 목수를 하겠다고 하니 "학교에서 퇴학당하고 이런 곳에서 일하는 거지?"라는 이야기를 들었습니다.

아진 씨가 찾은 돌파구는 SNS였다. 아진 씨 자신이 목수라는 직업을 얼마나 사랑하면서 일하는지 보여주고 싶었다. 중학교 때 입었던 체육복을 입는 대신 작업할 때 입는 '워크웨어'를 직구했다. 사무실에 가려면 양복을 입는 것처럼, 작업을 할 때는 작업복을 입는 마음가짐과 루틴을 보여주고 싶었다. 그렇게 아진 씨는 14만 구독자를

©황지현

보유한 유튜버로 성장했다. 그는 유튜브를 통해 초보 목수들에게
공법에 대한 팁을 알려주기도 하고, 작업복과 공구에 대한 정보를
나누기도 한다.

> 66 사실 사회적인 시선도 바꾸고 싶었지만, 그보다는 우리 작업자들끼리
> 뭉쳐서 우리가 스스로 바뀌고 싶었습니다. 일을 하다 보면 노동자
> 스스로도 '노가다'라고 자신을 부르는 경우가 있는데, 우리끼리 높은
> 프라이드를 갖자고 공감대를 형성하고 싶었어요. 작업복도 소개하고
> 공구도 소개하다 보면 우리끼리 더 재밌게 공감하고, 또 이 일을
> 바라보는 자신의 시선도 바뀔 거라고 생각했습니다. 걸어온 사람들의
> 문화는 쉽게 바꿀 수 없겠지만, 저 같은 사람들을 더 늘리는 게 맞지
> 않을까요?

아진 씨는 KBS 〈인간극장〉, MBC 〈아무튼 출근!〉등 지상파
방송에도 출연하며 영향력을 확장하고 있다. 그의 자긍심 넘치는
모습을 보고 후배 목수가 된 이들도 있다고 말했다. 그는 "저를 통해
동기부여를 얻는 이들을 보면 자신감도 생깁니다. '이게 잘못된 선택은
아니었구나' 하는 안도감도 듭니다"라고 말했다. 그리고 후배들이
스스로에게 자부심을 느끼고 "나 목수야"라고 떳떳하게 자랑할 수
있는 일터가 되었으면 좋겠다고 했다.

스물세 살인 아진 씨는 23학번 새내기로 지난해 건축학과에
입학했다. 현장에서의 치열한 고민 끝에 결국 그가 하고 싶은 건축을
찾아낸 것이다. "일을 하다 보니 제가 어떤 건축을 하고 싶은지에
대한 틀이 만들어졌어요. 사람들을 위해 어떤 공간을 만들고 싶다는
생각도 들고, 그런 건축적 신념이 생기니 지식을 쌓고 더 배워야 해서

대학에 들어갔습니다." 그리고 언젠가 '어벤져스팀'을 꾸려 어려운 곳에 도움을 주는 건축가가 되고 싶다고 말하며 블루칼라 노동자들에게 "당신들은 그냥 '막노동' 하는 게 아니라 진귀한 일을 하고 있다는 사실을 말해주고 싶습니다"라고 힘주어 말했다.

본인과 하는 일을 소개해주세요.

저는 스물세 살이고, 집을 짓는 목수, 빌더이자 건축학과를 다니고 있는 대학생 이아진입니다. 〈전진소녀의 성장일기〉라는 유튜브 채널의 크리에이터로도 활동하고 있습니다.

하루 일과가 어떻게 되나요?

목수로 일할 때는 지방을 많이 다니기 때문에 숙소생활을 했습니다. 아침 6시에 일어나서 씻고 나갈 준비를 하고, 필요한 작업 도구를 챙겨서 현장으로 출근합니다. 그리고 오후 5시에 일이 끝나서 집에 돌아오면 그때부터 그날 했던 작업을 복습합니다. 새로 알게 된 작업이나 자재, 공법 등을 노트에 적으면서 복습을 하죠. 더 잘하고 싶고, 빨리 성장하고 싶어서 그렇게 합니다. 그리고 건축학과에 입학한 뒤로는 학교에 가고, 과제를 하고 남는 시간에는 유튜브 작업을 하면서 일상을 보내고 있습니다. 추석 연휴처럼 긴 휴일에는 목수로 현장에서 일을 하기도 합니다.

건축학과 새내기인데, 틈틈이 목수로서도 계속 일하고 계신 것 같아요. 목수도 형틀 목수, 내장 목수 등 다양한데 아진 씨가 말한 '빌더 목수'는 어떤 일을 하나요?

'빌더'는 말 그대로 집을 짓는 사람입니다. 집에 필요한 모든 과정을 시공하고 인테리어, 설비, 전기 마감 등 모든 공정을 컨트롤할 줄 아는 사람을 '빌더'라고 합니다. 미국에서는 설비, 전기, 도면 등 진짜 집을 만드는 데 필요한 모든 공정을 만드는 사람을 '마스터빌더'라고 부릅니다. 미국에서는 이 라이센스를 얻기 위해 30년의 경력이 필요할 정도로 장인의 느낌이 강하죠. 말 그대로 어떤 공간을 짓기 위해서 모든 일을 다 참여하는 게 빌더인 것 같습니다. 그래서 저를 소개할 때 집 짓는 목수라고 항상 소개합니다. 저도 기초 콘크리트부터 시작해서 설비, 인테리어, 골조, 마감 그리고 내부까지 다 하는 편입니다.

빌더 목수의 장단점을 설명해주세요.

먼저 일의 만족도가 높은 게 첫 번째 장점입니다. 왜냐하면 보통 목수 일을 시작하는 사람은 목수를 하고 싶어서 시작하는 분들이 많아요. 하고 싶은 일을 하니까 만족도가 높아서 일도 오래합니다. 또 연차가 쌓이고, 내가 자리를 잡았을 때 프리랜서로 활동할 수 있는 점이 장점이자, 단점입니다. 일할 수 있는 기간과 공간도 자유롭게 조정할 수 있습니다. 또 단점이 될 수도 있지만 제 입장에서는 장점으로 꼽을 수 있는 것이 출장이 잦다는 점입니다. 일하는 환경이 항상 다양하게 바뀌는 형태가 제 성격과 잘 맞았어요. 그리고 가장 큰 장점은 수익이 좋아요. 일한 만큼 얻어가기도 하고 요새는 기술직 페이가 좋기 때문에 수익을 보고 오는 청년들도 늘어나는 추세예요. 단점은 일이 위험하다는 점이에요. 그러다 보니 다치는 일도 많죠. 또, 빌더의 경우 외부에서 일하기 때문에 날씨의 영향을 많이 받습니다. 비 오는 날이나 장마 기간에는 일을 쉴 때도 있고 외부 요인의 영향을 많이 받죠. 그리고 몸이 고된 게 큰 단점인 것 같습니다. 그리고 이 일을 기피하는 이유가 직관적으로 힘들어 보이고, (흙먼지 등으로) 더러워

보인다는 주변 시선이 있는 것 같아요. 이런 주변 시선은 단점이라 하고 싶지는 않고 그냥 특징이라고 하고 싶어요. 3D직업으로 보는 거죠.

아진 씨가 처음 일을 시작했을 때의 일당과 숙련공이 되었을 때의 일당은 어떻게 다른가요?

처음 1년은 거의 무급으로 일했습니다. 하루 2~3만 원 정도의 돈만 용돈처럼 받으면서 일했어요. 그러다 열아홉 살 때 다른 팀장님을 만나게 되면서 초보 일당 10만 원을 받고 일했죠. 그 이후부터 14만 원, 16만 원… 조금씩 오르면서 2023년부터는 20만 원을 받고 있습니다.

무급으로 일하는 게 쉽지 않았을 것 같아요. 열여덟 살 때부터 일을 시작했다고 들었는데 빌더 목수로 일을 시작하게 된 계기가 있나요?

명문대 진학을 목표로 학원에 가야만 하는 한국 교육에 적응이 쉽지 않았습니다. 그래서 열네 살에 이모 손을 잡고 호주로 유학을 갔어요. 그때 저희 어머니는 한국의 재산 대부분을 처분하고 3년 동안 세계여행을 다니셨는데, 방학 기간에는 저도 그 여행에 동참했죠. 그렇게 함께 이런저런 경험을 하면서 건축에 관심을 갖게 된 것 같아요. '공간'이라는 게 이렇게 사람을 끌어당길 수 있다는 사실을 직접 경험하고 느꼈습니다. 그리고 유학을 하면서 제 적성을 많이 발견했습니다. 저는 미술, 음악, 체육 등 예체능에 관심과 흥미가 있었는데, 이 세 가지가 다 모여 있는 게 건축인 것 같죠. 건축에는 미술도 있고 음악의 구조도 담겨 있고 몸을 움직여서 조화롭게 해야 하는 육체적 작업들도 많으니까요. 건축을 하게 되면 재밌겠다는 게 막연한 생각이었습니다. '이 일을 열심히 하면 앞으로 나에게 어떤 날이

펼쳐질까?' 하는 기대감이 생겼어요. 졸업반이 되고 건축학과로 입시를 준비하기 위해 포트폴리오를 만들었습니다. 그러다 문득 회의감이 들었어요. 내가 어떤 건축을 하고 싶은지, 어떤 건축가가 되고 싶은지에 대한 비전이 아무것도 없었습니다. 그저 재밌을 것 같으니 건축학과로 진학을 희망했죠. '건축학과에 들어가서 회사 취업하면 건축가가 되겠지' 하는 안일한 생각을 가지고 있었어요. 그런데 어느 날부터 건축학과를 가도 얼마 못 버틸 것 같고 배우는 시간만 아까울 것 같다는 생각이 들었어요. 내가 뭘 배우고 싶은지 1년 동안 고민한 끝에, 열여덟 살 1학기 끝나자마자 자퇴를 하고 한국으로 돌아왔습니다. 당시 부모님도 집을 직접 지으려고 건축 현장에서 일하고 계셨어요. 아버지가 일하는 현장이 궁금해 구경을 하러 따라 갔다가 우연히 일에 투입되었고, 그 매력에 빠져 그때부터 지금까지 이 일을 하고 있어요.

처음 일했던 현장에서 빌더 목수의 매력에 빠졌다고 했는데, 첫 현장의 어떤 면이 인상 깊었나요?

폭염주의보가 있던 7월의 어느 날이었어요. 첫 현장은 경기도 여주였습니다. 제가 듣기로는 그날 작업이 발 디딤판을 나무로 만드는 데크 작업이고 하루 만에 끝나는 간단한 작업이라고 들었는데, 막상 현장에 가보니 허허벌판이었어요. 현장에 아무것도 없었죠. 알고 보니 그날은 토목 공사부터 시작해야 하는, 집을 짓는 진짜 첫 번째 날이 었습니다. 데크 작업인 줄 알고 갔는데 많이 힘들 것 같아 걱정했습니다. 그런데 막상 해보니 너무 재밌었어요. 측량하고 땅을 파내는 작업은 힘들었지만, 이 일을 열심히 한다면 앞으로 저에게 펼쳐질 날이 기대가 됐습니다. 학교를 자퇴하고 건축을 경험하고 싶던 찰나였는데 정말 열심히 해보고 싶었어요. 그땐 저에게 그런 경험이 간절했습니다.

❶
아진 씨의 작업 노트.

❷
절단할 목재를
측량하는 아진 씨.

❸
재단 등을 위해 목재에
스케치하는 아진 씨.

❹
목재와 목재를 고정시킬
때는 네일 건을 사용한다.

ⓒ황지현

열여덟 살 여성이 건설현장에 적응하는 게

쉽지 않았을 것 같아요.

처음에는 여자고, 어리다는 이유로 장벽을 좀 느꼈습니다. 저를 팀원의
한 명으로서 받아들이기보다 그냥 아빠가 일하는 현장에 따라온
열여덟 살 꼬꼬마 여자애로 봤죠. 이 일을 전문적으로 배우고 싶고,
해보고 싶은데 제 마음을 진지하게 받아주지 않는 것 같았습니다.
그래서 진정성을 보여주고 싶어 더 열심히 했죠. 특히 어린 나이에서
오는 장벽을 많이 느꼈습니다. 제가 어느 정도 초보를 지나 실력이
쌓이면서 기술을 완전히 터득하게 되는 시기가 됐을 때도, 일을
주지 않고 믿어주지 않았어요. 어리니까 무시를 한 거죠. 저는 그래도
이제 6년 차고 어느 정도 이 일의 과정이라든가 시스템에 대한 이해도가
있는데, 여전히 '어리니까 뭘 모르겠지'라는 생각을 많이 하는 것
같아요. 그리고 보통 건설현장은 나이든 남성분들이 주로 계시니
어린 여성인 저와는 완전히 상반되어 섞이기가 어려웠습니다. 그보다
더 힘들었던 것은 저를 팀원으로 인정해주지 않는 것이 속상했습니다.
'깍두기'같다는 느낌이 들었어요.

블루칼라 여성 노동자분들을 인터뷰하면서

남성 동료에게 동등한 동료로 인정받고 싶다는 말을

공통적으로 들었습니다.

어떤 분들은 현장이 저와 안 어울린다고 생각했던 것 같아요.
보통 현장 일은 힘들고, 체력적으로 힘도 많이 필요하니까. 남성들은
나이가 어려도 일을 시작하는 경우가 있는데, 어린 여성인 저는
현장과 안 어울린다고 생각했던 듯합니다. 그러다 보니 그분들이 저를
보고 '할 수 있을까?' 하는 의심부터 했던 것 같아요. 한편으로는

그런 의심이 이해는 되지만, 인정받고 싶다는 생각이 들었습니다. '다른 건 모르겠는데 집 짓는 일은 진짜 힘들어서 여자가 버틸 수 있는 구조가 아니다'라는 말도 많이 들었습니다. 그 말 때문에 절대 포기하지 않겠다는 오기가 생겼습니다. 그래서 많이 물어보고 더 할 수 있는 일이 있는지 찾아보면서 정말 열심히 했습니다.

어떤 상황에서 아진 씨의 능력을 의심하거나 무시하는 말을 했나요?

기억에 남는 장면이 있어요. 설비 작업을 하는 다른 도급팀에서 사람이 왔는데, 그분이 제가 현장에 있는 걸 보고 놀라더라고요. 저한테 '어려 보이는 아가씨가 있네' '네일 건은 들 수 있겠어?' 하면서 웃으시는데 그때 너무 자존심이 상했어요. 저는 이미 다 할 줄 아는데. 그리고 또 '얼굴마담이네' '현장의 꽃이다' '홍보 모델이야'라는 소리도 들었어요.

'어린 여자'가 흔히 당하는 차별이죠. 아진 씨는 어떻게 대처했나요?

'얼굴마담이다' 이런 이야기는 상대할 가치가 없는 소리라고 생각합니다. 별로 대꾸하고 싶지도 않았어요. 또 '할 수 있겠냐'는 그런 의심에 제가 대응할 수 있는 유일한 방법은 제가 더 성장하는 방법밖에 없다고 생각했습니다. 제가 성장하고 경험을 많이 쌓아서 높이 올라가면, 할 수 있다고 구태여 말하지 않아도 알아서 제 능력을 알아채는 상황이 올 거라고 생각했어요. 그런 오기로 버텼습니다. '누가 이기나 보자. 몇 년이 걸리든 나는 보여줄 거니까' 하고요. 대응할 수 있는 다른 방법이 없었습니다. 이 악물고 웃으면서 성장하는 수밖에요.

여성 노동자들은 힘들어도 힘들다고 말을 못 하는 경우가 있는 것 같아요. 누구나 힘든 상황이어도 여성으로서 편견을 강화할까봐 선뜻 티를 내지 못하더라고요.

합판 무게가 하나에 20킬로그램입니다. 그런데 그것보다 더 무거운 합판이 있습니다. 큰 베란다 문 하나 크기의 합판인데, 무게가 40킬로그램 가까이 됩니다. 20킬로그램짜리 합판은 들겠는데, 큰 합판은 사이즈도 크고 무거우니까 들리지 않더라고요. 자존심이 상했죠. '못 들지? 앉아 있어'라는 말이 듣기 싫었습니다. 팀원들의 배려는 고마웠지만 제가 직접 들고 싶었어요. 계속 시도를 했지만 번번이 실패했습니다. 그 합판을 들고 싶어서 운동도 시작했습니다. 근력운동을 하면서 일할 때 필요한 알짜 근육을 키웠죠. 그렇게 계속 시도한 끝에 어느 날 40킬로그램짜리 합판을 들었어요. 이제는 적응이 됐는지 그 큰 합판이 그렇게 무겁게 느껴지지 않아요. 주변에서 배려해줘도 일부러 더 들려고 하고, 더 열심히 하는 면이 있는 것 같아요. 힘들어도 힘들다고 말을 못 한다기보다는, 안 하고 싶어요. '너는 못할 것 같다'는 전제가 깔려 있으니까 그 전제에 맞춰 행동하고 싶지 않아요. 성별로 일의 능력을 판단하는 경향이 없어졌으면 좋겠습니다.

빌더 목수 중 여성 노동자 수는 얼마나 되나요? 비율이 궁금합니다.

제가 아는 사람은 두 명입니다. 일단 여성 목수가 그렇게 많지 않습니다. 제가 안 보이는 곳에서도 활동하시는 분들이 계시겠지만, SNS 등에서 제가 볼 수 있는 분은 두 명 정도였어요.

현장에 젊은 여성 목수의 비율이 적은 이유가 무엇이라고 생각하나요?

우리나라에는 여성 빌더 목수의 전례가 없습니다. 롤모델이 없죠. 외국에는 여성 목수가 진짜 많아요. 호주의 경우 여성 목수들이 많이 분포되어 있습니다. 그러다 보니 일하는 환경이 평등하고 조화롭습니다. '여자는 목수를 못 할거야'라고 말하면 정신병자 취급을 받을 정도로 직업에 있어서 차별이 없습니다. 그런데 한국은 애초에 여자를 떠나서 젊은 목수도 없습니다. 하던 분들만 하고 새로운 유입은 많지 않아요. '블루칼라'라는 말도 긍정적인 의미로 쓰인 지 얼마 안 됐고, 청년 목수들도 이제 막 생기는 것 같아요. 여성 목수가 적은 이유는 목수를 많이 알지도 못 하거니와, 이 직업에 대한 관심도도 높지도 않은 것 같습니다.

한국의 건설현장도 젊은 세대가 찾는 일터가 되려면 어떤 변화가 있어야 한다고 보나요?

저는 '노가다'라는 말이 너무 싫었습니다. 애초에 사무실에 앉아서 일하는 게 '귀한 직업', 몸 쓰는 직업은 '별로 안 좋은 직업'으로 나뉘니까 이 직업을 선택하는 옵션은 인생에서 빠지게 됩니다. 여성들도 '굳이 내가 이 직업을 해야 하나' 생각하는 것 같아요. 그렇게 교육받고 크니까 내가 지닌 적성이 목수 일과 맞는다고 하더라도, 이 일을 자신의 선택지에서 제외시켜버립니다. 저도 한국에서 공부를 했다면 목수를 하려고 하지 않았을 거예요. 사무실에서 일하는 직업을 선택했을 것 같아요.

호주에서는 목수들 스스로의 프라이드가 높습니다. 연봉도 높고, 워라밸도 좋으니까요. 제가 호주에서 학교를 다닐 때 체육대회를 하면 친구들이 목수가 일할 때 입는 형광 조끼를 입고 코스튬을 하기도 했어요. 큰 트럭을 끄는 게 로망인 친구들도 있었고, 방과 후 학교에서 목수 수업을 듣는 친구들도 많았습니다. 호주에서는 아빠 직업이 목수인 걸 자랑스럽게 여깁니다. 저도 목수가 굉장히 존경받는 직업이라고 생각했어요. 그런데 한국에 와서 목수를 하겠다고 하니 '노가다 한다' '학교에서 퇴학당하고 이런 곳에서 일하는 거지?'라는 이야기를 들었습니다. 무슨 얘기인가 싶었습니다.

직업 인식에 대한 괴리감이 엄청났을 것 같아요.

그때 제가 찾았던 돌파구가 SNS였습니다. 내가 이 일을 얼마나 사랑하면서 하는지 보여주고 싶었어요. 이 직업을 향한 프라이드와 존경심을 계속 보여줘야겠다고 생각했습니다. 나부터 작업복을 제대로 갖춰 입고 이 직업을 리스펙한다는 걸 보여줘야겠다고 생각했습니다. 이전에는 중학교 때 입었던 체육복과 밀짚모자를 쓰고 일했는데, 일할 때 입는 워크웨어와 테크웨어를 해외 사이트에서 직구했던 게 SNS 활동을 위한 첫 시작이었어요. 사무실에 가려면 양복을 입는 것처럼 작업을 할 때 작업복을 입는 루틴을 보여주고 싶었습니다. 또 호칭이 굉장히 중요하다고 생각하는데, 저는 항상 저를 소개할 때 '빌더'라고 이야기해요. 목수도 종류와 작업이 다양한데, 제 직업을 제대로 알리고 싶은 마음에 저를 그렇게 소개하는 거죠. 나만 열심히 하고 다른 이에게 알리지 않으면, 쓸쓸하지만 아무도 모릅니다. 이런 저의 생각과 행동을 영향력 있게 더 퍼뜨려야겠다고 생각해서 SNS를 시작했어요. 사실 사회적인 시선도 바꾸고

©황지현

싶었지만, 그보다는 우리 작업자들끼리 뭉쳐 우리 스스로 바꾸고 싶었습니다. 일을 하다 보면 노동자 스스로도 자신을 '노가다'라고 부르는 경우가 있는데, 우리끼리 높은 프라이드를 갖자고 공감대를 형성하고 싶었어요. 작업복도 소개하고 공구도 소개하다 보면 우리끼리 더 재미있게 공감하고, 또 이 일을 바라보는 제 자신의 시선도 바뀔 거라고 생각했습니다. 먼저 걸어온 사람들의 문화는 쉽게 바꿀 수 없겠지만, 저 같은 사람들을 늘리는 게 맞지 않나요? 젊은 목수들이 자신의 작업물을 SNS에 공유해줬으면 좋겠어요. 그게 힘이 됩니다.

미래세대의 진입을 막는 장벽이 또 있다면 무엇이 있을까요?

수익과 직급도 체계화해야 합니다. 현재 한국에는 시스템이 없습니다. 미국에서는 목수가 되기 위해 국가자격증을 따기 위한 교육을 이수해야 합니다. 국가자격증 없이 일하면 불법이죠. 초보·수습 목수로 시작해 경력을 채워 또 다시 심화된 자격증을 딸 수 있고, 그 자격으로 사업을 하는 구조입니다. 수익 체계도 경력에 따라 세부적인데, 한국은 없어도 너무 없어요. 부족한 게 아니라 아예 전무합니다. 어떤 팀은 팀장의 기분에 따라 수익이 결정되고, 지역에 따라 다르기도 합니다. 자격과 경력에 따른 투명한 수익 체계가 있으면 좋겠습니다.

편견에 상처도 받고 괴리감에 답답했지만, 그럼에도 일을 하게 만들었던 동기는 무엇인가요?

당시 저에게는 일밖에 없었어요. 기회가 그것밖에 없었습니다. 나만의 꿈을 찾겠다고 호주에서 자퇴하고 한국으로 왔는데 이 기회 앞에서 도망치면 다른 데서도 도망쳐버릴 것 같았습니다. 그렇게 도망 다니기 싫어서 버텼습니다. 신념이 있고 노하우가 있다기보다는 포기를 안 한 거죠.

자부심을 느끼는 순간도 있었을 것 같아요.

제가 성장하는 모습을 보면서 자부심을 느낍니다. 제 후배들도
생겼습니다. SNS 활동을 활발히 하면서 방송 출연을 하기도 했는데
전부 다 목수로서의 제 삶을 다룬 방송에만 출연했습니다. 그걸 보고
'저 목수 일 시작했어요' '목수 일을 시작해보려고 하는데 어떻게
하면 되나요?' 등 메시지도 많이 받습니다. 그중에는 여성분들도 있어서
정말 좋았습니다. 저를 통해 동기를 얻는 이들을 보면 자신감도
생깁니다. '이게 잘못된 선택은 아니었구나' 하는 안도감도 듭니다.

**일을 배우기 위해 기술 공부를 더 하고 자격증도 딴 것으로
알고 있습니다. 어떤 자격증을 땄나요?**

건축목공기능사, 방수기능사, 굴삭기운전기능사 자격증을 땄습니다.
현장에 다녀와서 매일 밤 복습도 하고, 근력 운동으로 실전 근육도
키웠습니다. 새로운 자재와 공법들도 외국 채널을 통해 공부합니다.

건축학과로 대학에 진학하기도 하셨어요.

일을 하다 보니 제가 어떤 건축을 하고 싶은지에 대한 틀이 만들어
졌습니다. 제가 그 목표가 없어서 대학을 안 가고 자퇴를 했던 건데
현장에서 일을 하다 보니 나만의 건축을 하고 싶다는 생각이
들었습니다. 사람들을 위해 어떤 공간을 만들고 싶다는 생각도 들고,
그런 건축적 신념이 생기니 지식을 쌓고 더 배워야 했어요. 저는 현장에
서 실무를 경험하면서 저만의 기초 토대를 만들었다고 생각합니다.
단단한 토대를 만들었고 이 위에 집을 지어야 하니, 지식이

©황지현

필요했습니다. 그렇게 1년 동안 입시 준비를 해서 대학에 들어갔습니다.

후배들이 일하는 현장은 어떤 현장이 되었으면 하나요?

일을 하는 내가 자랑스러울 수 있는 현장이 되었으면 좋겠습니다. 프라이드 높은 현장이 되었으면 좋겠고, 오고 싶은 일터가 되었으면 좋겠습니다. 무엇보다도 '나는 현장 다녀' '나 목수야'라고 떳떳하게 자랑할 수 있는 일터였으면 좋겠습니다.

일터에서 이루고 싶은 목표나 꿈이 있나요?

나중에 건축을 더 배워서 저만의 '어벤져스팀'을 만들고 싶습니다. 전 세계를 돌아다니면서 재난 지역이나, 학교와 공공 공간이 필요한 나라들에 도움을 주고 싶어요. 설계부터 시공까지 우리 팀이 함께 하는 거죠. 그런 건축을 하기 위해서는 실무를 알아야 하고, 그러기 위해서는 현장이 필요합니다. 그리고 목수로서의 커리어도 중요합니다. 이 일로 꼭대기까지 가보고 싶습니다. 사람으로서 꾸준하게 성장하고 싶은 것도 제 목표입니다. 멋있는 선배로 성장해서 후배들을 많이 양성하고 싶습니다.

동시대를 살아가는 일하는 사람들에게 해주실 말씀이
있나요?

블루칼라 노동자들에게 이야기해주고 싶습니다. 당신들은 엄청 멋있는 일을 하고 있습니다. 그냥 '막노동' 하고 있는 게 아니라 진귀한 일을 하고 있다는 사실을 말해주고 싶어요.

©황지현

나, 블루칼라 여자

ⓒ 2024, 박정연·황지현

초판 1쇄 발행 2023년 3월 5일
초판 2쇄 발행 2024년 4월 12일

글	박정연
사진	황지현
펴낸이	이상훈
편집1팀	김진주 이연재
마케팅	김한성 조재성 박신영 김효진 김애린 오민정
펴낸곳	㈜한겨레엔 www.hanibook.co.kr
등록	2006년 1월 4일 제313-2006-00003호

주소	서울시 마포구 창전로 70 (신수동) 화수목빌딩 5층
전화	02) 6383-1602~3
팩스	02) 6383-1610
대표메일	book@hanien.co.kr
ISBN	979-11-7213-026-8 03300